U0963669

融合新闻传播实务丛书

数据新闻基础教程

主　编　肖赛君　郑雨雯
副主编　毛　毅

Journalism
and
Communication

WUHAN UNIVERSITY PRESS
武汉大学出版社

图书在版编目(CIP)数据

数据新闻基础教程/肖赛君,郑雨雯主编.—武汉：武汉大学出版社,2021.5(2024.8 重印)
融合新闻传播实务丛书
ISBN 978-7-307-21978-6

Ⅰ.数… Ⅱ.①肖… ②郑… Ⅲ.新闻学—教材 Ⅳ.G210

中国版本图书馆 CIP 数据核字(2020)第 234742 号

责任编辑:宋丽娜　　责任校对:李孟潇　　版式设计:马　佳

出版发行：**武汉大学出版社**　(430072　武昌　珞珈山)
(电子邮箱：cbs22@ whu.edu.cn　网址：www.wdp. com.cn)
印刷:武汉邮科印务有限公司
开本:720×1000　1/16　印张:9.75　字数:202 千字　插页:1
版次:2021 年 5 月第 1 版　2024 年 8 月第 3 次印刷
ISBN 978-7-307-21978-6　定价:36.00 元

目　录

绪　论

一、什么是大数据

大数据这个概念最早是在20世纪80年代提出的，随后的20多年里，美国企业界、学术界对它不断地加以探讨、深究，2010年推出了《规划数字化的未来：美国总统科学技术顾问委员会给总统和国会的报告》。2011年麦肯锡咨询公司发布的研究成果《大数据：下一个创新、竞争和生产率的前沿》，将这个概念进行大范围的推广。2012年3月29日，奥巴马宣布将投入2亿多美元，立即启动"大数据发展和研究计划"(Big Data Research and Development Initiative)，从而引起产业界、科技界和政府部门对大数据的高度关注。大数据的发展状态是业界的实践在引领，学术界的研究在追逐。而发端于计算机领域的数据研究也在向其他学科渗透，每个领域的学者都在寻找大数据所带来的影响和改变，探索新的研究方法和思路。

与传统数据相比，大数据具有四大特征。

第一，数量(Volume)，即数据量巨大，从TB级别跃升到PB级别，数据量在100万个到正无穷。大数据的推动因素主要来自大型软件公司，如谷歌、亚马逊、中国移动、阿里巴巴等。据市场研究公司IDC统计，到2020年，全球数据使用量将达到大约35.2ZB(1ZB=10亿TB)。数据量的大小决定了所筛选的信息的价值和潜在价值。

第二，多样性(Variety)，即数据类型繁多，数据结构复杂。一方面，数据来源不仅包括传统的格式化数据，还包括来自互联网的文章、视频、图片、地理位置信息等；另一方面，数据是复杂、非结构化的。胥琳佳(2013)在《大数据对于传播学研究内容和方法的影响——基于社交媒体和移动互联网的思考》中认为，并不是数据量达到无限大时就是大数据，数据还需要呈现出非结构化的特征。

第三，速度(Velocity)，数据的处理速度快。英特尔中国研究院首席工程师吴干沙认为，速度快是大数据处理技术与传统数据挖掘技术最大的区别，处理实时数据，并以实时结果为导向。"快"亦指两方面，一是数据产生得快，例如欧洲核子研究中心的大型强子对撞机在工作状态下每秒产出PB级数据；二是数据处理得快。

第四，真实性(Veracity)，即追求高质量、真实的数据。并不是大量的数据就能对决策产生影响，而是要在海量的数据中筛选其中真实并且高质量的数据，进行整合，从而得到有价值的信息，使数据具有现实意义。

大数据技术建立在 WEB2.0 背景下的数据挖掘基础上，核心是对以关系为纽带的社会网络的识别、发掘和利用，其对社会生活的广泛嵌入性和自动化、规模化处理信息的快捷性，进一步把传播学研究的范围和创造性提升到新的水平。

二、数据新闻：大数据时代的必然产物

随着时代的不断发展，数据新闻可以说是大数据时代背景下的必然产物。传统媒体的模式和格局都随着大数据时代的到来而出现巨大的改变，这是由于大数据时代资料的获取渠道不再取决于传统媒体。处在大数据时代，好像所有的领域都能和大数据相连，很多非系统化、毫无关联数据的增加，促使传统媒介的新闻发布方式遭受巨大的挑战。在这种情况下，大数据利用其自身的优势，也就是容量大、种类多样、及时性高、获取困难等，在新闻生产过程中获得了业内人士的青睐。数据新闻成为国际媒体工作者在大数据时代背景下进行的重大改变。这种新型的新闻生产模式，把冗乱的新闻案件用更加直观、清晰明了的方式呈现在观众面前，使广大观众能够通俗易懂地掌握新闻案件的来龙去脉。媒体工作者的工作重心也由过去的抢先发布新闻，转变成帮助人民群众了解案件出现的内在关系及造成的影响。

在大数据时代背景下，媒体工作者利用对数据的获取、处理和分析生产的数据新闻，能够帮助人民群众更加真实地看清他们所处的变幻莫测的社会，从另一个方面来说，也可以帮助媒体完成其保障群众利益的根本目标。现阶段，国内外很多专家学者都对数据新闻进行了深入的探究，但他们对数据新闻的理解及研究存在不同程度的差异。整体而言，我们能够认为数据新闻即立足于数据的获取、整理、挖掘和解读的基础上，选择直观的数据技术来发布新闻的新型模式，是国际媒体行业在大数据时代开辟的新道路，指引了未来新闻领域的奋斗方向。与传统新闻生产模式相较而言，数据新闻有其自身的优势，即数据新闻的发布建立在公开信息的基础上，数据新闻会选择独特的软件来处理信息，数据新闻多数都是以生动、直观的方式来发布新闻以及数据新闻坚持保障人民群众利益为己任等，这些特点决定了数据新闻逐渐成为媒体领域未来的发展趋势，是大数据时代背景下的必然产物。

三、数据新闻对新闻生产的影响

(一)数据新闻给传统媒体领域增添了活力

与传统的新闻发布相较而言，数据新闻属于一种全新的新闻播报形式，它在成长的过程中保留了传统新闻播报的有利之处，还给媒体领域增添了活力，如升级了传统新闻播报的模式、处理数据程序及展现形式等。

（二）数据新闻促使新型新闻发布方式的出现

数据新闻促使预测性和众包调查式新闻发布方式的出现，极大地推动了数据新闻的发展。由于大数据时代的不断进步，人们对数据的研究也逐渐完善，数据新闻给传统新闻发布带来很大的挑战，而预测性新闻发布也逐渐受到人们的关注。数据新闻的预测性发布不是个别人的观点，而是在可靠的数据分析技术的基础上，在本质上研究了事件的相连关系，满足预测性新闻真实性的价值定位。众包调查式新闻发布方式的出现对网络商业团体的成长起到非常重要的促进作用，新闻发布领域也引进了这种报道方式，众包式的数据新闻发布能够在未来的新闻发布领域取得巨大的成就。

（三）数据新闻促使新闻价值的评判标准产生变化

每个新闻的制作都要有自身的价值，它需要符合观众对数据的某方面要求。而传统的新闻价值的评判标准逐渐不适用于大数据时代数据新闻的评判标准。目前，数据新闻的评判标准主要是发掘数据资料背后隐藏的深层想法。数据新闻自身的优势决定了新闻价值标准的变化，使观众能够更加直观、清晰地掌握数据背后隐藏的深层想法。

（四）数据新闻促使新闻职业理念产生变化

新闻真实性是新闻学领域永远追求的目标，是新闻工作者的基本准则，也是新闻发布一直以来都遵守的原则。在过去的新闻制作过程中，记者想要自己的新闻成为独家的，经常会把自己得到的新闻资料的数据进行密封。而在数据新闻的制作过程中，记者无法密封数据信息，每个人都能够随意浏览，且我们在使用过程中也能够检验数据的真实性，增加了数据发布的公正性、真实性。

第一章 数据新闻的概念建构

在数据信息急速发展的大数据时代，新闻领域遭遇了巨大的挑战。在大数据时代背景下，观众想要的是有价值的数据。数据新闻是跟随着大数据时代的到来而出现的一种新型的新闻发布方式，它是在数据获取、处理的基础上，寻找数据之间的联系，发现事件的整体前进方向，数据新闻成为大数据时代新闻的主流发展方向。

第一节 什么是数据新闻

数据新闻是大数据时代的产物，也是新闻理念的一种全新变革。由于数据新闻是近几年才提出的概念，关于它的实践成果远超过其学术研究，因此，学术界对数据新闻的概念界定尚无定论。

一、数据新闻的定义

数据新闻(data journalism)又称为“数据驱动新闻”(data-driven journalism)，最早于2006年由阿德里安·哈罗瓦提(Adrian Holovaty)提出，他在自己创办的Every Block网站上发表了一篇名为《报纸网站需要的是根本性变革》的短文来阐述自己的观点，他认为“报纸应当停止以故事为中心的世界观”，转而将收集到的信息变成“计算机可以处理的”“结构化数据”。他在文中举了这样一个例子：“例如，报纸写了一则有关当地火灾的故事。能够用手机阅读该故事是最好的。万岁，技术！但我真正想要做到的是探索这个故事的原始事实，然后逐层归纳事实的出处，最后能够比较此次火灾与以往火灾以及往后可能发生的火灾的具体细节——日期、时间、地点、受害人、消防站数量、与消防部门的距离、在场消防员姓名和从业年数、消防员到达所用的时间。”

虽然数据新闻理念产生较早，但其概念界定目前却并未形成共识，国内外业界与学术界都曾对数据新闻的概念进行过界定。当下最流行的关于数据新闻的研究主要来自一本名为《数据新闻手册》(*Data Journalism Handbook*)的小册子，该书也是第一本专门探讨数据新闻的著作。在书中，伯明翰城市大学的保罗·布拉德肖(Paul Bradshaw)和德国之声的米尔科·洛伦兹(Mirko Lorenz)总结道：数据新闻能够帮助新闻工作者通过信息图表来报道一个复杂的故事，数据新闻还可以解释故事是如何与个人产生关联的，数据新闻也能够自己汇聚新闻信息。

维基百科给出的定义则更为系统：“数据驱动新闻，常被缩写为‘DDJ’，自2009年或2010年起开始广泛应用，用来描述一种基于分析和筛选海量数据，进而撰写新闻报道的新闻生产方法。”

Visual. ly网站用了一种更具有数据新闻特色的方式——信息可视图，向读者展示了他们认为的数据新闻，并且这个展示的结果恰好是数据新闻的典型案例。数据新闻由获取数据（Getting Data）、分析数据（Analyzing Data）、可视化数据（Visualizing Data）以及公开分享/发布数据（Share/Make it public）四个环节组成。

清华大学教授郭晓科在其著作《大数据》中为数据新闻下了定义：数据新闻学（Data journalism）或称“数据驱动的新闻学”（Data Driven journalism），被认为是计算传播学的一个具体应用。通过挖掘和展示数据背后的关联与模式，运用丰富的、具有互动性的可视化手段，数据新闻学成为新闻学的新疆域和应用范例，并作为一门新的新闻分支进入主流媒体。

中国人民大学学者方洁及颜冬在文章《全球视野下的数据新闻：理念与实践》中谈到数据新闻。从狭义上看，数据新闻的内涵就是，基于数据的抓取、挖掘、统计、分析和可视化呈现的新型新闻报道方式，数据新闻的核心是对数据的处理；从广义上看，数据新闻是在大数据时代新闻学发展形成的新领域，它代表未来新闻业发展的一大方向，并包含以下基本特征：一是以服务公众利益为目的；二是以公开的数据为基础；三是依靠特殊的软件程序对数据进行处理；四是以形象、生动的可视化方式呈现新闻。

不管是国内还是国际，学术界或者业界，在数据新闻的概念界定上，还没有权威统一的定论，但通过对各个定义的比较，可以发现出现频率较高的关键词：数据、分析、可视化、新闻。

由此，我们可以提炼出其定义——数据新闻又叫“数据驱动新闻”，是指基于数据的抓取、挖掘、统计、分析和可视化呈现的新型新闻报道方式。数据新闻是在大数据的技术背景下产生的，是随着数据时代的到来而出现的一种新型报道形态，是数据技术对新闻业全面渗透的必然结果。它的出现在一定程度上改变了传统新闻生产流程。

在这里，需要明晰的一点是，数据新闻中所提及的新闻，由于其制作技术复杂，涉及新闻事件范围广，并非我们惯常认知的具有较强时效性的新闻，而是更侧重解释事情来龙去脉，揭示事物产生的原因、发展状态、造成的影响、未来趋势以及事件之间内在关系的新闻，属于解释性新闻报道。这类新闻注重提供事件背景资料，进行深度分析和挖掘，同时也弱化了新闻本身的时效性，重在产生更深远的影响。

二、数据新闻的特征

从广义上看，数据新闻是在大数据时代背景下新闻学发展形成的新领域，它代表未来新闻业发展的一大方向，包含以下基本特征。

①以服务公众利益为目的。这是数据新闻的出发点，所有数据的处理和呈现归根究底是为了让公众理解我们身处的大数据时代中数据变迁的内涵，了解宏观数据如何影响每个人。

②以公开的数据为基础。这是数据新闻存在的前提，如果政府、社会其他组织不公开信息或者没有提供联网数据库，缺乏数据分析材料，数据新闻也不可能得以推行。

③依靠特殊的软件程序对数据进行处理，挖掘隐藏于宏观、抽象数据背后的新闻故事。这是数据新闻的技术保障，也是数据新闻和一般新闻相区别的核心特征。

④以形象、互动的可视化方式呈现新闻。这是数据新闻的个性展现形式，得益于科学可视化的发展，数据新闻将复杂、抽象、难懂的数据转化为简单、具体、生动的新闻报道。

三、数据新闻的功能

目前，在大数据新闻制作上已经积累了经验的国际媒体有《卫报》《纽约时报》《华盛顿邮报》等，但它们也处于探索阶段。通过对国内外代表性媒体的大数据新闻实践进行研究，可以总结出大数据新闻的 4 个功能，即描述、判断、预测、信息定制。

(一)描述新闻事实

数据新闻报道以可视化的图表、数据为依托，以时间为轴线，对新闻对象进行解释性的描述，并且在一段时间内呈现出动态的形式，高于单纯文字传播的效果。此外，数据新闻还可以利用数据走向的趋势，进行预测性的报道，描述那些看不见的短期过程，比如流言如何在社交网络上传播。

【案例】

英国骚乱与推特谣言

——英国《卫报》对伦敦骚乱的报道是如何描述新闻事实的

2011 年 8 月，一个黑人男子乘出租车在伦敦街头遭到警方拦截，双方发生枪战，该男子当街死亡。两天后，约 300 人聚集在伦敦市中心的警察局进行抗议，后来演变成持续多天的骚乱事件，抗议者引燃了汽车、商店和公交车。当天夜里，伦敦其他地区也发生了类似袭警、抢劫、纵火等事件。当时，政客们认为这些不法行为绝对与贫困无关，那些趁乱打劫者只不过是罪犯而已。此外，首相(the Prime Minister)和其领导的保守派政客一起异口同声地把矛头对准社交媒体，他们认为，在这些平台上充斥着煽动性言论，而且暴徒们利用脸谱网(Facebook)、推特(Twitter)和黑莓信使(Black Berry Messenger, BBM)进行组织，因此社交媒体是引发这场骚乱的罪魁祸首。有人叫嚣着要暂时关闭社交媒体。因为英国政府并没有对骚乱发生的起因展开调查，故《卫报》与伦敦政治经济学院合作创建了史无前例的“解读骚乱”项目，以解决这些问题。

《卫报》广泛地采用数据新闻的方式，使公众能更好地理解谁是趁乱打劫者，为何要参与抢劫。不仅如此，他们还与另一支由英国曼彻斯特大学(University of Manchester)的罗伯·普克特教授(Professor Rob Procter)领导的学术小组合作，以便更好地理解社交媒体所扮演的角色。在骚乱期间，《卫报》本身在报道骚乱时便广泛使用了社交媒体。“解读骚乱”小组由《卫报》“特别企划”栏目的编辑保罗·路易斯(Paul Lewis)领导。在骚乱发生期间，保罗走遍全国骚乱的第一现场。第二支小组主要对推特网提供的260万条有关骚乱的信息进行分析。《卫报》通过追踪分析260万份推特内容，利用可视化动态图表描述了流言从开始传播到辟谣结束的整个过程，完成了《骚乱谣言是如何在Twitter上传播的》①新闻报道。

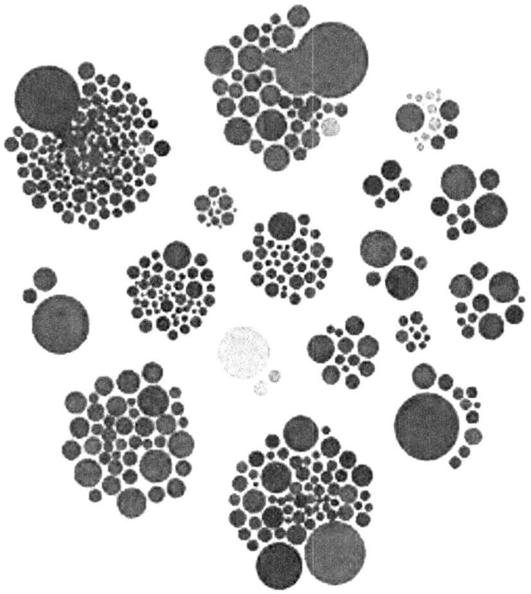
图1-1 《卫报》动态可视化截图

《卫报》制作的可视化动态图是以时间为轴，利用圆圈大小、颜色变化来描述整个过程，绿色的圈代表散布流言的推文，红色的圈代表更正这个流言的推文，灰色的圈是中立的评价推文，黄色的圈是对流言持怀疑态度的推文。圈的大小代表了推文的影响程度，圈越大影响程度越大。如果想了解具体的内容，点到那个圈，屏幕旁边即刻呈现这个圈所代表的推文的发布者、发布日期、转推人数等信息(如图1-1所示)。通过这个动态的演进过程，人们可以清楚地看到，社交网络并不像一般想象的那样，是一味扩散虚假消息的场所。其实在假消息出现不久，社交网络上各种辟谣的消息

① 卫报.《骚乱谣言是如何在Twitter上传播的》[N/OL]. http://www.theguardian.com/uk/interactive/2011/dec/07/london-riots-twitter.

就已经出现了。从这个案例可以看出，大数据新闻的报道方式能够在宏观上对某个事件报道更加清楚与全面，对事件复杂的演进过程以及这个过程中的各个方面，都能描述得直观且有趣。

(二)进行事实判断

数据新闻报道综合运用视觉化优势，立体化呈现新闻事实，让报道更有说服力，表现得更加清晰，也增强了新闻报道的权威性和客观性。

【案例】

如何从伦敦霍乱地图中进行事实判断

在英国首都伦敦，19 世纪曾经有过几次霍乱大流行。1854 年的一次霍乱大流行时，诞生了由雪诺(John Snow)医生绘制的被评为人类历史上最有影响力的五个数据可视化信息图之一的伦敦霍乱地图①，如图 1-2 所示。

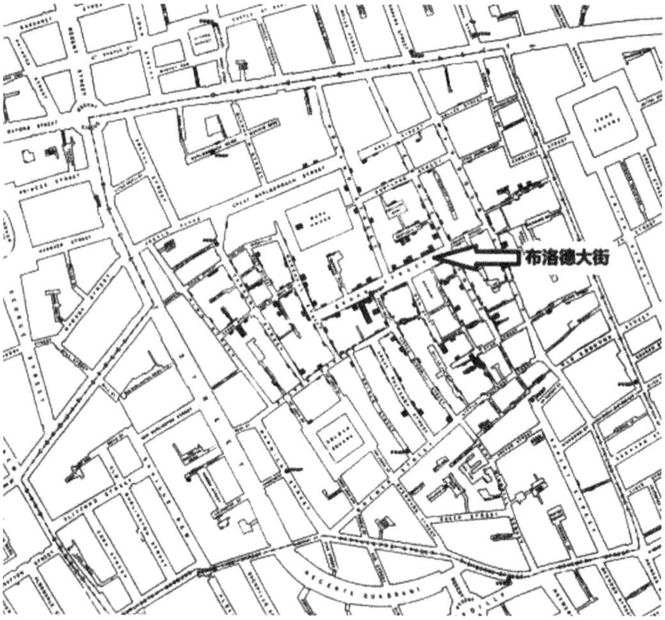

图 1-2　伦敦霍乱地图

① 佚名. 伦敦霍乱的防治[EB/OL]. https://www.sohu.com/a/357260410_455817.

1854 年，英国布洛德(BROAD)大街暴发大规模霍乱，当时了解微生物理论的人很少，人们不清楚霍乱的传播途径，而“瘴气传播理论”是当时的主导理论。内科医生雪诺对这种理论表示怀疑，于 1855 年发表了关于霍乱传播理论的论文，如图 1-3 所示，即其主要依据。图的正中心沿东西方向的街道即为布洛德大街，黑色条形表示死亡的地点，死亡人数越多，条形越长。这幅图揭示了一个重要现象，死亡发生地都在街道中部一处水井(水泵)周围，市内其他水源周围极少发现死者。经过进一步调查，他发现这些死者都饮用过这里的井水，结合其他证据得出饮用水传播的结论，于是他移掉了该水泵的把手，霍乱最终得到控制。

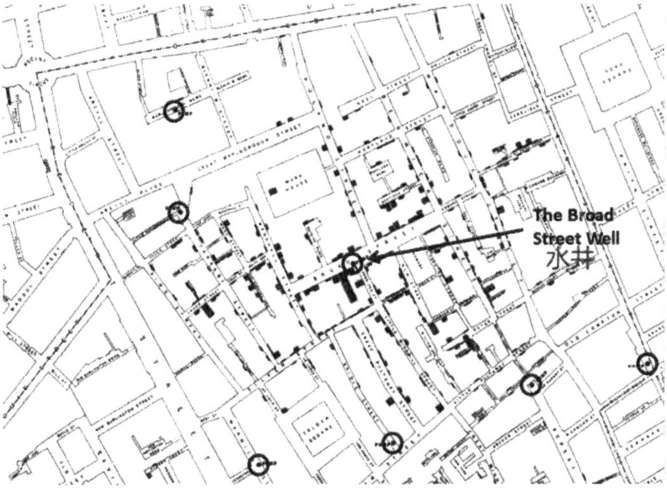

图 1-3 死亡发生地在水井周围

伦敦霍乱地图被信息设计学的先驱塔夫特(Edward Tufte)选为经典案例，用来说明数据可视化的重要性。在这个例子里，雪诺医生亲自上门统计死亡病例，并记录具体的住址。每发生一起死亡病例，他就在地图上该地址画一条黑线，多条黑线堆叠起来就形成了条形，一个地址条形越长，说明死亡人数越多。这样所有的数据都能够画在地图上，并且一目了然地发现死亡病例的分布规律，然后推断可能的原因。最终，他结合作为医生的专业背景提出假设，通过移除水泵把手的方式尝试解决问题，果然控制住了疫情的传播。这是一个经典的科学分析案例，也是数据可视化的成功典范。

(三)预测新闻走向

2013 年国庆节长假期间，九寨沟发生游客大量滞留现象并引发群体性事件。

如果新闻媒体或旅游当局能够在此前运用中国的局部大数据进行预测性报道，完全可以避免这样的群体性事件发生。因为传媒可以根据这方面的大数据，提前报道在哪个具体时间段内，有多少人从哪些地方前往九寨沟，其中男人、女人、老人、儿童各有多少等。

这只是一个小例子，大数据能够预测社会和人们日常生活中的各个方面。通过挖掘大数据，传媒在技术上可以制作出可视化、交互式的图表，告知很多事项。微观的如流行疾病来袭、交通拥堵情况；宏观的如经济指数变动、某种社会危机的来临等。例如，百度开发了“百度预测”网页，以“大数据，知天下”的口号推出，预测的产品有高考、世界杯、电影票房等。其后期准备上线的产品扩展到更广的领域，比如金融预测、房地产预测等。

（四）个人信息定制

利用大数据的分析结果，满足网民的信息个性化要求，是国内外媒体的最新尝试。《今日头条》就是新媒体时代综合运用大数据进行个人信息定制的典型代表。数据新闻根据用户需求提供个性化的大数据服务，是未来的发展趋势。新媒体时代，媒体都在致力于以用户的需求为中心，利用大数据诠释宏观社会现象对用户的影响，或者回答用户困惑的问题。如此一来，媒体可以精准定位，经过后台计算，按照用户的接收习惯、工作习惯和生活习惯，将服务推送到用户眼前。

例如 Fivethirtyeight 数据博客，在 2014 年 5 月 23 日新辟读者来信专栏“亲爱的莫娜”。其第一期开篇语阐释其目的是：“我开这个专栏是为了帮助读者回答一些生活中重要的或者严肃的问题，比如我是不是很正常、我处在世界的哪个地位层面等，目的不是为了给读者答疑解惑，不是告诉读者应该做什么和不应该做什么。恰恰相反，我提供数据来解释、描述你的经历。”

综观这个专栏，读者的提问五花八门，比较严肃的如“美国有多少人从来没有喝过一滴酒?”“美国有多少男性空乘人员?”也有比较私人的如“我该多久换一次袜子?”“婚前同居会不会导致离婚”等。专栏作者利用美国范围内的大数据，即刻将分析结果告知当事人，但避免给出指导性意见，仅告知各种数据的分析结果，让当事人自己依照分析结果来处理自己面临的问题。这个专栏与传统的纸质媒体读者来信专栏不同，不是通过星座、血型、生辰八字或伪装成阅历丰富的专家来提供些心灵鸡汤式的回答，而只用数据来说话。

这种尝试在媒体中并不少见。2011 年，BBC 广播公司曾根据 2012 年政府的财政预算联合毕马威会计师事务所做了一个预算计算器，用户只需要输入一些日常信息，例如，买多少啤酒，用多少汽油等，就能够算出新的预算会让你付多少税，明年生活会不会更好。

根据用户需求提供个性化的大数据服务，是未来的发展趋势。这些报道有一个共性，媒体都致力于以用户的需求为中心，利用大数据诠释宏观社会现象对用户的影响，或者回答用户困惑的问题。媒体可以精准定位，经过后台计算，按照用户的接收习惯、工作习惯和生活习惯将服务推送到用户眼前。

第二节　数据新闻发展历程与概念辨析

一、数据新闻发展历程

立足于新闻史的纵向发展，从精确新闻、计算机辅助新闻、数据库新闻到大数据新闻，随着数据挖掘技术与信息可视化技术的不断提升，数据新闻在中国的实践经历了萌芽、兴起到逐渐繁荣的发展历程。

（一）萌芽阶段

从新闻报道形式的演变历程看，数据新闻并非一种全新的形式，其起源于西方新闻媒体的精确新闻报道实践。20 世纪 60 年代，美国学者、新闻记者菲利普·迈耶（Philip Meyer）提出了精确新闻报道（Precision Journalism）的理念，强调新闻报道中社会调查研究方法、调查数据与结果的科学应用。精确新闻为数据新闻的发展奠定了基础。20 世纪八九十年代，中国新闻媒体开始尝试运用精确新闻方式报道新闻，国内新闻传播院校陆续开设精确新闻学课程。精确新闻为新闻界引入定量分析的概念，对新闻从业者数据意识与数据素养的培育，以及数据新闻的普及教育起到了启蒙和推动作用。由于精确新闻报道的数据获取依赖问卷调查、民意测验等科学调查，且受技术和可利用数据的限制，其在新闻实践中并未得到大规模应用。

（二）兴起阶段

随着互联网的普及和计算机技术的发展，21 世纪初期，国内计算机辅助新闻（Computer-Assisted Reporting）、数据库新闻（Data Base Journalism）的实践逐渐增多。作为从精确新闻到数据新闻的过渡，计算机辅助报道更偏向于一种辅助工具，数据多为新闻报道内容的辅助说明。2011 年起，国内四大门户网站搜狐、网易、腾讯、新浪，相继推出数据新闻专栏："数字之道""数读""新闻百科""图解天下"，拉开数据新闻本土化实践序幕。在数据新闻兴起初期，媒体一般只通过制作简单的静态信息图表呈现数据信息，数据新闻呈现方式单一、信息图表形式简单、长条信息图类似长微博形式，只是对数据信息的表层整合，可复制性较强。如作为纸质媒体数据新闻实践的领先者，《南方都市报》在实践初期的报道多是直接以信息图表的形式在报纸版面上呈现数据信息。

（三）繁荣阶段

数据新闻的发展依赖技术的支持，2013 年，《纽约时报》制作的"雪崩"题材数据新闻报道获奖，引发全球传媒界对数据新闻这一新型报道形态的关注，大数据与可视化技术的发展成熟推动数据新闻本土化实践热潮的到来。2013 年 10 月，财新传媒率先成立财新数据可视化实验室，推出数据新闻专栏“数字说”，其发表的《青岛中石化管道爆炸事故》报道获得亚洲新闻奖，财新传媒团队成为国内首个获得大奖的数据新闻团队。2014 年 1 月，中央电视台《晚间新闻》推出“据”说系列报道，开启了国内电视媒体的数据新闻实践之路。作为国内最早以部门形式成立数据新闻团队的媒体，新华网灵活运用新思维、新技术进行理念创新、形态创新，在第 25 届“中国新闻奖”评选中，新华网“数据新闻”专栏凭借其独家权威的数据新闻报道被评为“新闻名专栏”，反映了国内新闻界对数据新闻的重视。此阶段，数据新闻实践越来越注重用户交互式体验，通过场景化设置以及细节部分的深度交互设计，满足不同类型用户的个性化需求。数据新闻成为新闻界创新发展的一大趋势，呈现出蓬勃发展之势。从数据辅助新闻文字表达到可视化、交互式数据产品的生产，媒体向公众展示了多种多样的数据呈现方式。总体来看，在数据新闻的发展过程中，不同新闻报道形式之间并非取代关系，而是随着信息环境的变化不断更新，追求数据价值发挥的最大化。数据新闻根植于大数据时代，在新闻生产理念、模式和呈现方式上较之前的新闻报道更进一步，标志着新闻报道发展新阶段的到来。

2012 年 12 月 20 日《纽约时报》推出特别报道《雪崩：特纳尔溪事故》。该作品报道了 16 名滑雪爱好者遭遇雪崩的经过，在报道技术上颠覆了传统报纸的新闻呈现方式，把文字、音频、视频、动漫、数字化模型(DEM)、卫星模型联动等集成，发表在《纽约时报》的网站上。它将各种网络传播的新技术运用于报道新闻，引起了传媒界的广泛关注。

二、数据新闻的概念辨析

“从精确新闻的出现，到电脑辅助新闻的兴起，发展到数据库新闻以及数据驱动新闻。这一演化过程并不是替代，而是一种增量关系，但数据新闻是早于互联网和大数据产生的。”这是香港学者祝建华在一次讲座中谈到数据新闻的“前世今生”时所说的。数据在新闻报道的应用衍变早已有之，而时下火热的研究主题“数据新闻”也是数据在报道中衍化的试验品。

客观性和真实性是任何新闻报道的基本要求。新闻报道样式从最初的解释性报道到“新新闻”文体，再到调查性报道和精确新闻报道。在不断试错及纠错的过程中，新闻报道的标准得以重新设定和诠释，朝着更加客观、真实和易读的方向发展。随着互联网技术的成熟，新闻报道在保有上述特征的同时，也借助新科技技术的实用性，衍生了更丰富的信息来源和更有趣的呈现样式。数据新闻就是在大数据、云计算以及信息可视化等技术条件下发展的新闻报道“试验品”。它具备了精确新闻和计算机辅助报道的客观、真实和高效等优势，是对这些传统报道样式的继承和发扬。

说到三者的共同点，我们不得不提到一个关键词“数据”。不管是精确新闻、计算机辅助报道还是数据新闻，它们都以数据的搜集和呈现见长。最早将数据应用于新闻报道的实践可以追溯到1810年。该年3月，《北卡罗来纳州明星报》的两位编辑Thomas Henderson和Calvin Jones针对北卡罗来纳州多个不同郡的民众，进行了一项问卷调查，以期探寻有关农产品及民生福祉方面的问题。而英国最早使用数据报道新闻的案例是《卫报》1821年5月5日创刊号上的一篇报道，该报道列出了曼彻斯特各个学校的学生人数和所付的学杂费用。据原《卫报》数据新闻项目负责人Rogers介绍，该报道首次展示了接受免费教育的学生数量，而这个数字是远远高于官方数字的。

我国社会学家卢晖临认为，从小处入手，进行宏观的考察，是社会史研究的一大特色。传播学者李彬则将社会史引入新闻传播领域，提出了基于社会史的新闻史研究有三种融合："新闻与社会、理论与历史以及传播学与新闻学"。数据应用于新闻报道早已有之，为了从历史维度深度剖析数据新闻的特色，我们有必要了解从精确新闻到计算机辅助新闻，再到数据新闻的整个起源、发展和衍生过程。

(一)精确新闻报道

精确新闻是社会科学研究方法与传统新闻报道技巧融为一体的新的新闻报道方式。20世纪60年代，迈耶是《底特律自由报》的记者，作为精确新闻实践的先锋，他采写了大量精确新闻作品。1967年，美国底特律发生黑人骚乱，他在统计软件的帮助下，对437位黑人的抽样采访进行了分析，在此基础上写出了题为《十二街那边的人们》的报道，并凭借该作品拿到了次年的普利策新闻奖。随后的1973年，迈耶出版了专著《精确新闻学——一种社会科学报道的理论》，并转入美国北卡罗来纳大学任教。至此，迈耶使精确新闻学占据了美国新闻理论的一席之地。

精确新闻之所以在该时期得到普遍认可和发展，主要是它反驳了当时历史环境下美国新闻界对"新新闻主义"的盲目推崇。迈耶在阐述精确新闻产生背景时，提到了"新新闻主义"，"它允许记者采用艺术手法的方式使其从客观束缚中释放出来，从而让记者转变为讲故事的人"。迈耶认为"新新闻主义"削弱了新闻报道的客观性，阻碍了新闻专业主义的发展。"新新闻学"一反新闻界过分依赖新闻来源提供消息的传统，由记者到现场深入观察，并作详细分析。"新新闻学"的记者实际上是用写小说的方法来完成新闻报道，即以真实事件、真实人物、真实过程为基础，用叙述性技巧写作强烈纪实风格的小说或散文，把文学和新闻融为一体。

随着报纸商业化进程的加快以及受众对新闻趣味性的需求，"新新闻"文体见诸美国各大报刊特别是杂志中，但其手法上的弊端遭到了很多学者的批评。有批评者认为，它在新闻的事实报道中过多地夹带个人观点和主观色彩，从而损害了事实阐述的"真实性"和"客观性"，因而它是一种有害的倾向，不能称为真正的"新闻"。这种手法否定了"传统的新闻写作"——"新闻记者的原始主义"，认为它对新闻和文学来说都有失尊严。迈耶希望通过"精确新闻"来回应"新新闻学"，他认为新闻所追求的目标是客观性和真理，因此，新闻报道所需要的手段是数据收集和分析的科学技术，而不是文学技巧。

20世纪六七十年代，美国民众中一部分人不相信总统，而另一部分人不相信新闻界。总统和新闻界都鼓动人们不要相信对方。美国社会环境下的两起事件——“水门事件”和“美国侵越战争”刺激了精确新闻的产生。这两起事件加深了美国民众对政府和新闻媒体的不信任。1972年6月17日，华盛顿警察在水门大厦的民主党委员会总部抓住了5个人，他们在时任民主党主席O'Brien办公室安装窃听器。这一“水门事件”揪出了争取总统连任委员会窃听侦查民主党领袖的大规模计划。正是由于这一事件的持续发酵，刺激了《华盛顿邮报》《纽约时报》《时代》和《新闻周刊》等媒体一系列的调查性报道，从而揭露了十几件可以笼统列在“水门”大标题下的政治腐败事件。另一方面，越南战争时期，美国政府采取的军方新闻检查以及不少媒体的失实报道引发了群众的信任危机。

这起事件带给美国民众巨大的震撼，政府和媒体都遭遇了巨大的信任危机。精确新闻学就是在这个背景下产生的，它使新闻学重新回归“客观新闻主义”，摆脱了对消息来源的依赖，通过处理复杂的信息来找寻事件的“本质真实”。精确新闻更多地是从媒体的专业性角度出发，利用数据来增加报道的客观性。迈耶的追随者麦克康伯把记者观察事物分成两个层面，见表1-1。

表1-1　观察方法的分类

观察方法	系统	非系统
直接	A	C
间接	B	D

他认为，采取传统报道方式的记者，所进行的是直接或间接的非系统观察（C和D）。观察的现象和选择的采访人缺乏代表性；而采取精确新闻报道的记者，运用的是系统观察的方式（A和B），能纠正非系统观察的缺失，使记者的观察具有代表性，也使新闻报道符合公正和客观的要求。

迈耶将精确新闻定义为“科学化新闻”，它把新闻当作一种科学，将科学方法、科学手段和科学理念应用于大众传播的整个过程。精确新闻技巧最早应用于选举报道。1824年《哈里斯堡滨州人报》以“假投票”的方式，在德拉维尔州威尔敏盾市进行美国总统选举的民意调查。我国台湾地区的学者罗文辉认为，早期的精确新闻报道虽然在方法上并不符合科学研究的要求，但却代表了新闻界在思维方式上的转变，普通大众的意见和行为也可以成为重要的行为。真正使美国新闻界开始重视精确新闻报道的转折点是1968年与1972年的两届美国大选，美国新闻界的三大电视网和新闻杂志开始进行大规模有关选举的民意调查。到了 1976 年美国大选时，精确新闻报道已经被广泛使用。不仅全国性或区域性的新闻媒体会进行民意调查，连地方性的新闻机构也会采取此手段报道新闻，精确新闻报道变成选举新闻的最重要特色之一。

相比于美国的精确新闻，我国精确新闻报道则要从 20 世纪 80 年代初算起，复旦大学新闻系率先开设了传播学课程，组织学生在上海开展小规模的民意测验。1990 年，中央人民广播电台便与中国社会调查所联合推出《调查与回声》专题节目。1994 年《北京青年报》开辟了“公众调查”版，以民意调查来反映公众对新闻事件的态度。伴随《中国青年报》“公众调查”报道的出现，精确新闻这种报道形式在我国真正兴起和发展起来。到了 1997 年，中央电视台《中国财经报道》栏目推出《每周调查》，以“居民投资面面观”开了我国电视媒体精确新闻报道的先河。

（二）计算机辅助报道

随着精确新闻报道在全世界多个国家风行，其发展过程中潜在的问题也暴露了出来：可利用的数据库有限；计算机磁带方式存储的信息不方便利用。对精确新闻报道来说，计算机技术的发展最重要的作用在于数据的采集和处理分析，精确新闻报道与计算机辅助新闻报道有一种不可分割的联系。计算机辅助报道（简称 CAR）起源于精确新闻报道的需要，辅助其数据采集、处理和分析。它通过电脑网络和电子数据库的使用来获取信息源，并应用数据库程序、电子数据表和统计包来阐释信息。自从美国密苏里大学和调查性记者和编辑组织合作建立了国家计算机辅助新闻报道协会以来，计算机辅助报道的概念被美国牢牢“掌控”。对于计算机辅助报道的概念，迈耶的表述更为宽泛，他指出：“任何采用计算机获得信息和分析信息的报道都可称为计算机辅助新闻报道。”

计算机辅助报道更多侧重的是工具性，它继承了精确新闻对于客观和真实的理念传统，并借助互联网发展中的数据库等优势，创造了独树一帜的风格，成为 20 世纪 80 年代后美国新闻采集的主要形式。20 世纪 50 年代，计算机辅助工具最先应用于大型政府数据库的信息处理，少数大型媒体记者根据政府机构提供的计算机磁带来制作调查性报道。这一时期的计算机辅助报道仅限于总统选举主题，而真正推动计算机辅助报道广泛应用于新闻实践的，还要归功于个人计算机的普及。它推动了调查性报道和精确新闻进一步发展，因为只有个人计算机才能担当起分析数据的烦琐任务。20 世纪 80 年代以来，美国、英国和日本等国依靠雄厚的经济实力与高科技，竞相建立起规模不等的大型电脑数据库信息交流中心。例如，英国路透社的数据库，在世界各地拥有 5000 多个电脑终端客户，除向各国新闻机构及时提供新闻信息服务外，还与许多国家的有关政府部门、股票交易所、大企业、研究机构等保持信息交换关系。这一时期，计算机辅助报道在美国新闻界取得了显著的成绩，在 20 世纪 90 年代初期的普利策新闻奖评奖中，至少有 8 篇计算机辅助报道获奖。在内容上，该时期获奖作品都被贴上了“与公共利益有关”的标签，这种现象并不是因为计算机辅助技术更适用于揭露社会不公，而是相较而言调查性报道的采访更为艰难，记者更倾向于使用计算机来挖掘深层次信息。

计算机辅助报道的出现和发展，最根本的促成因素还是1995年以后互联网的发展和普及。政府、商业部门以及个人的数据库上网，成为共享的信息资源；计算机时代的计算机辅助报道往往局限于数据库分析，而互联网的接入提供了更多新闻信息来源，并配备了相应的服务（如万维网），这些优势极大地扩展了计算机辅助报道的时间和空间维度；借助互联网服务和计算机软件的普及，媒体记者获取、挖掘、存储、分析处理以及制作和传送信息的能力大大加强。不过当时媒体记者对计算机工具的使用也存在不同的层级——从基础层次到深度或调查性报道层次。要掌握计算机辅助报道的最高操作层级，需要记者去国家计算机辅助新闻报道协会（NICAR）学习，他们会派专门的技术人员教记者如何通过信息技术和挖掘去写好故事。

20世纪90年代，计算机辅助报道在技术上和形式上更加丰富和细化，美国学者Paul将其内容概括为“4Rs”：rendezvous（线上交流）、research（辅助调查）、reference（辅助参考）和reporting（辅助报道）。她认为，这四部分在信息汇聚（information-gathering）过程中发挥关键作用。这四项内容可以在没有电脑的情况下完成，但“如果有了电脑则能够加速新闻实践的速度、简化新闻实践的程序、扩大新闻实践的范围”。

计算机辅助报道的魅力在于，媒体可以轻松获取信息，电脑公司成为媒体很好的补充。它可以允许任何规模新闻组织下的优秀记者采写国家或是地方性的话题。这也延伸了美国学者弗里德曼所倡导的“世界是平的”的概念，互联网打破了对新闻来源的垄断，任何一名记者理论上可以在网络的虚拟空间内操作不同层次的选题，无论是大型新闻机构还是小型新闻机构，都可以有平等机会来获取、分析和发布信息。

（三）数据新闻

如果说计算机辅助报道是运用计算机技术继承和发扬了精确新闻，那么大数据时代的数据新闻就是以这两者为延伸的“颠覆式创新”。计算机辅助报道是通过搜集和分析数据以加强（通常为调查性）新闻报道的技术，数据新闻则将更多的注意力放在以数据为基础的整个新闻工作流程中。

数据新闻，简而言之是用数据来报道新闻。欧洲新闻学中心和开放知识基金会发布的《数据新闻手册》中对数据新闻下过一个笼统的概念：“数据新闻是用数据报道新闻，它为记者将传统的新闻嗅觉与运用规模庞大的数据信息结合起来报道新闻创造了可能。”数据新闻记者Thibodeaux则认为，数据新闻是“将数据运用到制作和传播信息的过程中，它反映了内容生产者和设计、计算机和统计领域之间的互动”。荷兰数据新闻记者亨克·范艾斯则从功能上阐释了其概念，他认为，数据新闻将数据运用到制作和传播信息的过程中，它反映了内容生产者和设计者、计算机和统计领域之间的多元互动。而我国的学者主要从新闻报道角度来解释数据新闻，认为它是一种基于计算机数据功能的新型报道方式。

综合以上论述，笔者认为数据新闻是以大数据、云计算为依托，通过对互联网数据进行抓取、挖掘、分析和可视化操作，呈现出有新闻价值的作品。之所以强调为"作品"，主要是基于用户的角度来定义。任何人或是组织都可以借助手上的信息资源来制作适宜的新闻"作品"，它既具有独创性，又可以被其他用户修改和完善。正如美国《连线杂志》记者邓肯·金说的那样："最重要事情就是尽可能广泛和开放地分享你的数据。使读者有机会检查你的作品，发现你的错误，并挑出你很可能疏忽的东西，这会使你的报道和读者体验都无限地改进和提升。"

数据新闻虽离不开传统精确新闻所强调的社会科学的统计方法，但其在样本容量、呈现手段以及传播模式等方面是精确新闻或计算机辅助报道无法比拟的。数据新闻并不是孤立存在的，它和媒体、设计以及计算机科学都有着千丝万缕的联系：数据新闻首先依托的是大数据和云计算等计算机科学的前沿技术，它们为数据新闻的数据搜索、挖掘和分析提供了基础性保障；数据新闻还与设计行业紧密相连，它在数据呈现时所采用的可视化技术是区别于传统计算机辅助报道的最大特征；数据新闻从根本上来说还是属于媒体领域，其中，社交媒体的双向互动性使数据新闻的传播更接地气。

通过交叉图的呈现，从图 1-4 所勾勒的 3 个维度出发，简述数据新闻具备的三大优势。

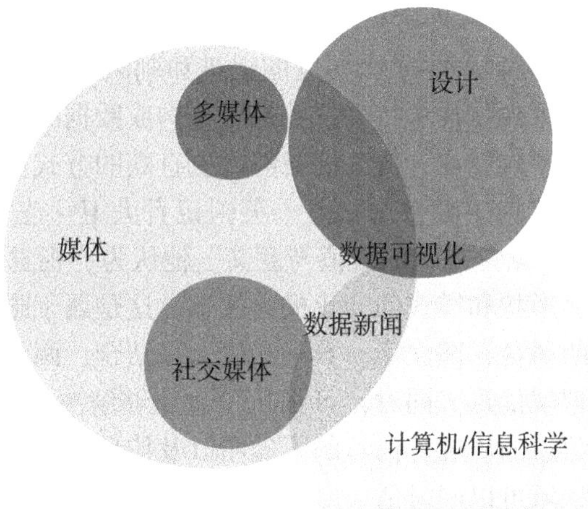

图 1-4　数据新闻领域交叉图

一是，从技术支持角度来看，大数据时代数据的极大丰富和开放，为媒体进行数据的挖掘、分析和分享提供了便利。从概念上来说，大数据是指大小超出常规数据库工具获取、存储、管理和分析能力的数据集。它具有海量数据规模(Volume)、快速的数据流转和动态的数据体系(Velocity)、多样的数据类型(Variety)、巨大的数据价值(Value)这四大特征。舍恩伯格在其著作《大数据时代》中介绍了大数据带给人们的3种思维转变：从随机样本到总体样本、从因果关系到相关关系和从精确性到混杂性。这3种转变对新闻传播变革有很大启发性作用。大数据技术使数据的主体性地位得到提升，数据不再只是传统新闻报道的辅助和补充，其本身就是"讯息"和"新闻"。海量数据的支撑使当下的数据新闻更加复杂、多元和深入。数据的丰富及其客观呈现的属性，使真实世界与拟态环境越来越趋同，李普曼口中的"象征性现实"与客观现实的距离越来越近，拟态环境的概念也极有可能被消弭。此外，大数据对相关关系的强调，可以提高媒体新闻预测的能力。传统的新闻观念是对"新近发生事实的记录"，新闻媒体往往充当一个资讯提供商的角色。而随着海量数据的普及和运用，新闻媒体可以根据数字模型和大量案例的分析，对所涉及行业的未来趋势加以适度预测，从而转型成一个服务提供商，为受众的下一步决策提供建议和方案，这种预测性模式可以率先应用于财经新闻领域。

二是，从视觉呈现角度来谈，数据可视化技术使数据新闻更加悦目。数据可视化是指借助图形化手段，清晰有效地传达与沟通信息。其目的是有效地传达思想观念，美学形式与功能需要齐头并进，通过直观地传达关键的方面与特征，从而实现对相当稀疏而又复杂的数据集的深入洞察。数据可视化领域的起源可以追溯到20世纪50年代计算机图形学早期阶段。人们当时利用计算机技术创造了首批图形、图表。而1987年，由布鲁斯·麦考梅克等人编写的美国国家科学基金会报《科学计算里的可视化》，对这一领域产生了大幅度的促进和刺激。数据可视化是在科学可视化的基础上诞生的，可视化技术将大量数据组合构成数据图像，同时将数据的各个属性值以多维数据的形式表示，使人们能够以更直观的方式从不同的维度观察数据及其结构关系，发现数据中隐含的信息。英国记者大卫·麦克坎德雷斯在TED Global大会上，阐述了数据可视化的价值与意义。他认为，视觉是我们所有感官中最快的，眼睛对颜色、形状和样式的变化极为敏感，这是属于眼睛的语言。可视化能将视觉语言与大脑的语言，即文字、数字和概念相结合，两者能同时工作并互相促进，帮助我们快速理解信息。同时，可视化信息能够解决许多我们面临的问题，比如信息的泛滥、对信息的质疑、信息的不透明以及信息的枯燥。同理，将可视化技术运用到新闻表达领域可以同时适应受众理性认知和感性整合的需求，它不仅通过强烈的视觉效果使受众达到完美的"悦读"体验，更能通过其深度挖掘，促进媒体对事实及其背后联系的探寻。此外，媒体所采用的数据和分析技术都是相对公开和客观的，这也有助于媒体在面对复杂社会问题时增强新闻报道的透明性。

三是，从用户角度来说，数据新闻不仅能够吸引用户的眼球，更能促使网民采取众包方式参与并制作数据新闻。大数据挖掘技术能适应分众化的受众对不同信息内容的需求，媒体可以推送定制化的新闻资讯吸引受众，通过对受众的操作和行为的分析，了解受众对内容的偏好和需求，以信息聚合的方式，自动生成符合需求的信息，从而达到精确推送的目的。而受众本身的体验反馈和传播可以反过来帮助媒体改进内容，从而达到双向促进的良性循环。除此之外，在当前社会化媒体与专业媒体融合的大趋势下，互联网使数据新闻搭上社会化的快车。数据的极大丰富加速了信息集成的过程，新闻生产的外部化趋势使记者和受众角色得到重构，“用户生产内容”(UGC)的理念深入人心，通过对社交化的强调，更多用户摆脱了以往受众单向接收新闻的束缚，参与到新闻的制作与传播。伴随这种趋势，新闻机构在关注数据挖掘新闻的同时也开始关注数据本身。

综上，从精确新闻到数据新闻的衍变，并不是一个简单的新事物代替旧事物的过程，而是一种取其精华、去其糟粕的扬弃式发展。(见表 1-2)

表 1-2　数据新闻的发展衍变表

精确新闻	计算机辅助报道	数据新闻
客观新闻主义	数据存储	数据可视化
社会统计方法	互联网	社交媒体

精确新闻具备客观新闻主义的原则和社会统计的操作方法。计算机辅助报道在保留精确新闻这两大特征的同时，借由数据存储技术实现了调查数据的数字化，而互联网的广泛普及使数据的传输变得愈来愈便利。数据新闻在继承了以上 4 种优势之余，还通过数据可视化技术，使新闻在视觉上更加炫目，而社交媒体的兴起使普通网民生产数据新闻成为可能。

精确新闻发展到数据新闻，不只源于社会科学理念的普及，更来源于科学技术的发展创新。正如传播学巨匠麦克卢汉所言，社会各阶段真正有价值的不是各个时期的讯息或内容，而是媒介技术所带来的可能性甚至社会变革。数据新闻并不是精确新闻衍化的重点，它只是一个阶段性的中转站，未来将如何变化，还得看媒介技术走向何方。

第三节　数据新闻的发展现状与发展趋势

一、我国数据新闻的发展现状

我国的数据新闻实践略晚于国外。2012 年 1 月，门户网站网易创立了“数读”

栏目，这是国内媒体开辟的最早的数据新闻栏目，该栏目每周发布 2~3 条数据新闻作品。随后，财新网、《南方都市报》、澎湃新闻等相继成立了数据新闻制作部门。数据新闻作为舶来品，进入中国时间不长，对比国外的数据新闻操作，国内数据新闻生产存在着制作人才匮乏，数据挖掘深度不够，数据不开放、来源模糊不清等问题。

(一)制作人才匮乏

数据新闻的生产流程不同于普通的叙事新闻，它对从业者提出了更高的技能要求，从业者既要懂新闻又要懂编程。制作一条数据新闻，首先要获取可用的数据，操作中常要抓取网页上的数据，这就要求制作者掌握基本的网页抓取技术。但这一技术是建立在熟知网页编写语言和网页结构基础之上的，这对于通常来自人文社会学科的新闻工作者而言，是较大的挑战。一家纸质媒体的数据新闻部门就曾受制于此。该报记者浏览网站时发现了极具新闻价值的数万条数据，但要点击超链接在弹出窗口中读取每条数据，逐个复制与粘贴的工作量无法想象，也非常耗时，不符合新闻时效性的要求。通过 Python 语言(一种计算机程序设计语言)可以自动抓取每个弹出框内的内容，但编辑部无一人会使用这种语言，只好求助他人并支付了较高酬劳。这并不是孤例，国内很多数据新闻产品都是在技术外援的帮助下完成的，但长期依赖技术外援并不可取，一是增加了媒体的经济开支，二是增加了沟通成本。此外，如果找不到合适的技术外援，选题很有可能会夭折。

目前，媒体对于会编程的新闻人才可谓求贤若渴，很多记者编辑希望借助培训继续充电，以掌握一定的编程技能。但数据新闻所需要的编程技能并不是短时间充电就能补足的，而且编程语言也在不断进步更新，充电也应是长期的过程。要解决人才短板的问题，一方面，新闻从业者应加强自主学习；另一方面，媒体也应拿出具体措施，激励员工参加培训充实自己，以提升新闻的制作质量。前文所提到的精确新闻的创始人菲利普·梅耶，正是在哈佛大学接受了一年脱产培训，系统掌握了社会科学的研究方法，在返回新闻工作岗位后，他学以致用，才产生了精确新闻。

(二)数据挖掘深度不够

国内数据新闻报道的数量正在增加，但能够被业内普遍认可的经典范例却不多。一方面，因为数据新闻尚处于初期发展阶段，业内尚未形成统一的衡量标准，通常都是将点击量或社交媒体上的转发量作为评判质量的标准；另一方面，也是因为数据新闻本身概念模糊，对于包含多少数据量、如何呈现才能被称作数据新闻报道存在很多争议。不少报道仅对数据进行了可视化呈现，缺乏对数据的深入挖掘和情境化分析，报道的深度不够。此外，目前大部分数据新闻报道都属于“小数据新闻”，数据量较小、数据形态单一，也极少使用统计分析的方法处理数据。比如“三公经费”是数据新闻的热门题材，但对“三公经费”所做的数据新闻报道还停留在展示数据的层面，如用饼状图标示三项公务开支的比重，或用柱状图比较不同地区或不同部门的开支。如一则报道中用大小不一的方块组合成的方形图揭示了中央单位三公经费历年来的变化，方块面积越大表示开支数额越大。在图中，国家税务总局连续数年位列三公开支首位，有网民评论道，为什么国家税务总局一直位列榜首，但报道中只展示了现状，并未详解原因。此外，报道还可以联系社会情境对数据做更深入的解读，比如“八项规定”出台后，为何“三公经费”还在上升。只展示是什么，而不深究为什么，是很多数据新闻作品的通病，报道着力在视觉上吸引人，看上去很抢眼，但对数据的挖掘和解读深度不够，难以给受众留下深刻印象。

(三)数据不开放、来源模糊不清

在传统叙事新闻中，清楚交代新闻源是新闻客观性最基本的要求。数据新闻的新闻源即数据来源，在操作中也需详细说明。目前，数据新闻作品基本都写明了数据来源，但普遍存在标识模糊不清的问题。有的报道仅写数据来自某机构，比如源自新华社或联合国，但两家机构公布的数据量成千上万，读者无从得知具体使用了哪一组数据。还有的报道写数据来源时使用机构的简称或英文简写，更是让读者一头雾水。国外的数据新闻在操作中很重视对来源的交代，方便读者自行判断数据的可信度，这体现了新闻从业者对受众的尊重。英国的《卫报》还会在每则报道后附上整理好的原始数据，点击链接便可下载。《卫报》将公开源数据看作开放新闻室的一部分，也是新闻生产过程的努力方向之一。传统的新闻生产流程相对封闭，新闻生产者与读者距离较远，生产者凭借经验猜测读者的喜好。社交媒体拉近了生产者与读者的距离，读者可在社交媒体上提供实时阅读反馈。但新闻生产过程很大程度上仍然是封闭的，由生产者主导。《卫报》将源数据公开，意在吸纳读者参与新闻生产过程，让每一位读者从数据中寻找自己的兴趣点，制作数据新闻。《卫报》数据博客同时在Flickr(用于分享图片的社交网站)上建立了群组，用于分享读者生产的数据新闻作品。国内的数据新闻都不曾开放源数据，一家纸质媒体数据新闻部门的负责人曾表示，在合适的时候将开放原始数据，但竞争压力以及开放可能带来的其他风险让人顾虑重重。

二、国外如何做数据新闻

数据新闻源于西方媒体的尝试，如今国内媒体也开始重视这一新型的新闻生产方式。作为新闻界的舶来品，数据新闻在我国的实践注定会与国外存有些许差异。

(一)国外数据新闻偏重严肃选题

国外数据新闻的选题涉及面非常广，没有一定的限制，但更偏重严肃选题，注重挖掘意义，一般情况下，有3个基本原则：一是热度，即关注当前发生的重大事件或热点问题；二是角度，即可从数据的角度进行分析，且有可获取的数据；三是深度，即可以通过大数据进行深层次解读，以数据本身的价值吸引受众。

例如，2010年10月，《卫报》发布了《维基百科伊拉克战争日志：每一次死亡地图》的数据新闻(如图 1-5 所示)。

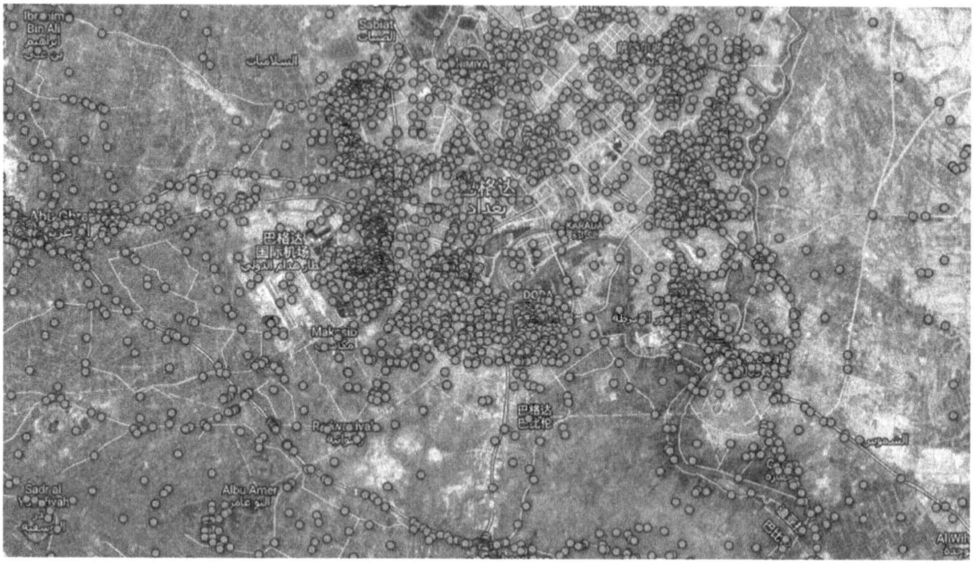

图 1-5　维基百科伊拉克战争日志：每一次死亡地图

该数据新闻使用来自维基解密的数据，借用谷歌地图的免费软件制作了一幅点图(dot map)，将伊拉克战争中所有的人员伤亡情况标注于地图之上。地图上的每一个红点便代表一次死伤事件，鼠标点击红点后弹出的窗口则有详细的说明：伤亡人数、时间、造成伤亡的具体原因。学者对其的评价是“新闻从业者富于人性的思索通过精准的数据和适当的技术被传达出来”。这则数据新闻让《卫报》一鸣惊人，一定程度上推动英国最终做出从伊拉克撤军的决定。

数据新闻的核心价值在于，对现象背后的本质的深刻揭示，只有加强对严肃选题的重视，才能更大限度发挥数据新闻的社会意义，扩大媒体影响力。

(二)国外数据新闻数据来源多样

对于数据新闻报道来说，获取全面准确的数据就是一大挑战。国外报刊制作数据新闻的数据来源有很多种：政府和企业的统计、研究机构、国际组织、新闻报道、门户网站、搜索引擎、社交网站、民意测验以及自身采集等，都是获取数据的途径。

政府及政府组织是国外数据新闻的主要数据来源。以《卫报》为例，2009—2013 年的 219 个样本数据新闻中，数据来源于政府及政府组织的占 50%。一方面，是因为政府及政府组织具有政治上的权威性，信息源可信度高；另一方面，英、美等国政府都建立了专门的政府网站公开信息，数据量大，获取简单。

在发展中国家，数据新闻的发展因为数据开放性不足而受到限制，即使在发达国家，有关敏感话题的数据信息也很难得到。在数据来源受限的前提下，国外报社会通过自己采集数据建立数据库。例如，2015 年 8 月，美国密苏里州发生黑人少年迈克尔·布朗被警察击毙的事件，引发全美黑人抗议浪潮。为制作"解剖美国枪击的痼疾"的数据新闻，《华盛顿邮报》派记者进行资料与数据的整合梳理，专门采访司法部门，开创性地建立了一个包含 990 起美国警察枪击事件的数据库，数据库详细名录了包括被害者的种族、被害环境、是否携带武器等信息。这个数据库也填补了官方数据的空白。这篇新闻报道获得 2015 年度普利策新闻奖国内新闻报道奖。

通过众包方式开放新闻，也就是基于 UGC(用户生成内容)的新闻生产。伴随着新媒体对传统媒体的挑战以及参与式新闻的出现，《卫报》的应对之策是开放新闻。《卫报》在网站上开辟"开放新闻"和"新闻博客"栏目，对于突发事件的报道，采用滚动的方式，将读者在社交媒体上对事件的文字报道、图片、视频的评论，甚至通过电子邮件发来的评论，全部整合到一起，成为报纸网络上不断更新的报道的一部分，编辑部门再根据读者的反馈和评论，进一步调整和跟进报道。

(三)国外数据新闻创新处理方式

为了避免数据分析为某一观点去刻意找寻数据支持，需要通过多维度、多角度、全方位的数据分析，找到数据背后的关联与模式，从而发现有价值的新闻。因此，海量数据的加工处理也是数据新闻的一大挑战。国外报纸在处理数据时，除了使用专业工具外，还创新了一些方式、方法。

①使用专业处理工具。为实现准确、高效地处理海量数据，各种实用、专业的处理工具应运而生。2011 年，BBC、《卫报》、《金融时报》、《纽约时报》等媒体编写的《数据新闻手册》(*Data Journalism Handbook*)提供了一系列可应用于数据可视化和数据处理的专业软件工具，包括电子表格，如 Libre Office、Excel 或 Google 文档；统计编程架构，如 R(r-project. org)或 Pandas(pandas. pydata. org)；地理信息系统(GIS)如 Quantum GIS、Arc GIS 和 GRASS；可视化程序包，如 d3. js(mbostock. github. com/d3)、Prefuse(prefuse. org)和 Flare(flare. prefuse. org)；数据加工工具，如 Google Refine、Datawrangler。

此外，业内还有许多工具软件，如用于互动图表的 Google chart、Google map、IBM Many Eyes、Tableau、Spotfire；用于基于时间顺序的时间线类作品的 Dipity、Timetoast、Xtimeline、Timeslide；用于基于地理信息的 Google earth、Quanum GIS；用于网络分析的 Spicynodes、VIDI、NodeXL；用于社交媒体可视化的 Storify；用于文本可视化即标签云的 Wordle、Tagxedo 等。

②跨地区协同作业。针对数据庞大、头绪复杂、涉及不同地区不同国家的新闻数据，一些媒体创新了跨地区协同作业的方式处理数据。例如，2014 年，美国 de-teclive. io 网站制作的《移民档案》的数据新闻。由于欧洲难民问题历史背景复杂、

涉及国家众多，绝非靠一个国家的一家媒体可以包揽所有的报道。这个项目由德国数据新闻机构 Journalism++的 Anne-Lise Bouyer 与瑞士记者 Sylke Gruhnwald 在 2012 年发起，将多国记者及机构联合起来，组成跨 15 国的协作团队，最终完成了这个包括美国 6 个拘留所、2767 个事件、13713 个移民故事的数据新闻报道。

③网络招募志愿者。2010 年“维基解密”网站披露了大量美国政府与伊拉克战争相关的数据信息。审阅 9 万多行的信息与近 38 万条数据，对任何一个编辑团队来说，都是难以完成的任务。于是，《卫报》编辑团队将数据分成小份放到网上，招募一定数量的志愿者来处理这些数据，使整个数据新闻的制作周期大大缩减。而这样的处理制作方式，在社交网络没有被广泛应用前，即便是最有财力和物力的媒体机构，也无法独立完成。

（四）国外数据新闻的展现形式

与传统新闻相比，数据新闻通过运用更加丰富多元的图形展现形式，达到一目了然获取信息的目的。同时，在关键信息的传递上，图形比文字更能使人在最短时间获取最大量信息。国外媒体在数据新闻展现形式上，通过多维度、多形态来整合数据，更多采用数据地图、时间线、泡泡图等交互式图表来展现数据。具体的展现形式，在本书的第六章进行详细阐述。

（五）国外数据新闻的制作团队

数据新闻同传统新闻报道的诸多差异，导致数据新闻制作团队的人员组成也大大区别于传统的新闻报道。基于数据新闻在数据搜集、处理和展示等方面的特点，对制作团队和组成人员也提出了更高的要求。一般来说，数据新闻记者除了具备采、写、编、评能力外，还需要掌握挖掘和处理海量数据的能力，以及一定的计算机程序编写、统计分析、制图软件的操作能力。国外媒体有单独的数据新闻制作团队，有些也采用跨部门合作的方式。

①独立型团队。“The Upshot”是《纽约时报》于 2014 年推出的新栏目，主打数据新闻，该栏目成立时便有 15 名团队成员，包括 3 名专职图片记者。“The Upshot”针对政治经济领域，旨在通过数据分析和呈现，帮助读者洞悉复杂政治经济事件背后的含义。除了严肃的政治经济主题之外，“The Upshot”还推出了许多体育主题的作品，覆盖世界杯、橄榄球、棒球、NBA 等。

英国《泰晤士报》新视觉新闻团队是相对独立的工作团队，共 34 人，核心成员有 3 人，分别是数据记者、信息编辑和内容设计编辑。数据记者一般由新闻记者转型而来，需要具备写作、调查、根据数据形成观点、制图、缩小数据搜索范围等能力，负责挑选题、挖掘数据和编辑数据。信息编辑负责制图，需要掌握各种图表设计的软件应用。内容设计编辑是项目的主要决策人，负责确定选题、编辑数据、制图、成品出稿等。另有效果展现程序员 1 人、数据挖掘人员 1 人和设计人员 29 人。

②融入型团队。《芝加哥论坛报》的新闻应用团队融入新闻编辑部一起工作，

一方面，为记者提供技术支持，编写工具、解析文档，帮助记者调查和报道故事；另一方面，在合作中发现自身不足，找到潜在的数据项目。融入型团队可以实现技术人员与新闻人员随时随地面对面交流，有利于更好地将新闻敏感性和处理数据的能力相结合。

③混合型团队。为了合理利用资源，实现人员的优化配置，部分媒体并没有设立专门的数据新闻团队，而是采用集中各部门人员进行合作的结构。在这一结构中，数据新闻制作人员来自不同部门，他们平日在不同部门工作，又因为与数据新闻相关的话题或项目聚在一起。这些人员既属于数据新闻团队，也隶属各自的部门，相互合作又各自独立。

例如，2009 年 3 月英国《卫报》建立的全球第一个数字新闻部。当时新闻部由 5 人组成，其中 2 名核心成员编辑“数据博客”和“数据商店”等栏目，其他成员并非全职的数据新闻记者，同时还隶属《卫报》的不同部门。

三、数据新闻的发展趋势

数据新闻成为当前新闻界热议的话题，学术界和业界对其未来的发展持积极乐观态度。在数据新闻热潮下，理性应对数据新闻生产中存在的诸多问题，冷静思考数据新闻今后的发展趋势尤为重要。结合国外数据新闻实践经验，立足数据新闻本土化发展情境，我国数据新闻发展呈现以下趋势。

（一）提高数据素养，消除数据偏见

大数据时代，数据素养成为新闻从业者必须具备的基本素质。武汉大学新闻与传播学院副教授王琼指出，数据素养至少应包括 5 个方面：对数据的批判性思维、对数据的敏感性、收集数据的能力、分析处理数据的能力以及利用数据决策的能力。其中，对数据的批判性思维尤为重要。数据新闻生产包括“需要数据—获取数据—清理数据—分析数据—展示数据—与公众交谈—讲述包含数据的故事”七个步骤，其中需要新闻从业者从数据来源到数据作品呈现全面开展工作。对数据的分析可能产生对原有结论的质疑，在“Light of Day”项目中，学生记者约旦·盖斯·波尔(Jordan Gass Pooré)发现，学校网站上有关宿舍新旧与盗窃案发生概率之间的关系，与她得到的数据分析结果不同。“Light of Day Project”总监丹·马隆(Dan Malone)认为：“尽管人们一直认为记者应具备质疑和挑战权威的能力，但有时记者的质疑能力还不够。数据时代令精确报道得以实现，但有可能又过于依赖数据。”这就要求新闻从业者在面对海量的数据信息和多种多样的数据来源时，要持批判性思维，对数据持质疑态度，避免产生确定性偏见。此外，数据搜集、分析和决策能力也将成为新闻从业者与时俱进，应对大数据时代新闻业转型和挑战的必备职业技能。亚利桑那州立大学新闻学讲座教授史蒂夫·多伊格(Steve Doig)认为，和记者掌握的其他来源一样，数据可能是准确的，也可能是错误的，可能被正确运用，也

可能被滥用，因此新闻从业者需要重复验证数据搜集和处理的方法。数据是数据新闻的核心，数据的客观、准确是数据新闻生产的基础。新闻从业者只有不断提高数据素养和数据思辨能力，具备扎实的数据分析功底，才能消除数据偏见，避免跌入数据陷阱。

(二)提供数据共享，加强数据监管

西北大学人文与社科学院教授布瑞恩·基冈(Brian Keegan)认为，为避免数据新闻掉入消解公众信任和科学界信任的陷阱，数据记者应遵循开放数据、集思广益、开放合作以及数据监管原则。随着媒体实践进程的不断深化以及从业者数据素养的提高，媒体将逐步加强数据共享，提高数据监管力度，为记者和公众提供多元、可靠的数据信息。目前，新闻业界的一些领先机构正在努力推进数据共享。例如，《纽约时报》提出口号“开放所有可开放的代码”(All the Code That's Fit to Print)，旨在加强数据新闻方面的探索与开放。《得克萨斯论坛报》(*Texas Tribune*)新闻编辑室创建互动平台，让读者用与他们关系最为密切的方式应用这个平台，让读者自己开发数据，成为日益增多的互动新闻编辑室的典范。芝加哥犯罪地图网站(Chicago crime. org)联合谷歌地图——后者用从芝加哥警局部门获取的数据创建了互动的逐区犯罪地图，便于芝加哥地区的居民追踪社区的犯罪情况，不论这些事件是否被电视新闻或都市报报道。在国外新闻界实践探索的影响下，国内媒体将转变思维模式，逐步提高数据库开放程度和交互性，分享媒体数据资源与可视化工具，以实现媒体间互利共赢。

在数据监管方面，国外媒体通过网站分享、与专家合作、与同行交流等方式层层把关，对数据的真实性进行监管、检阅和评定。如 Pro Publica 网站数据新闻记者通过在代码托管网站分享其获得的数据和代码，方便其他媒体对数据进行检阅及扩充。一些记者通过与数据分析家、科学家合作，提出问题并共同分析数据，写出文章或专题。除此之外，不少记者还通过将作品提交学术同行来对数据进行评议。国外媒体在数据监管方面采取的措施给我国媒体以启示。

(三)提升数据专业主义，打造个性化、定制化、游戏化数据产品

国外媒体较早开始数据新闻转型实践，在突发性事件、调查性报道、财经报道等专业领域积累了丰富的经验。2014 年，《纽约时报》、沃克斯传媒(Vox Media)、Quartz、Buzz Feed 等美国几大主要媒体纷纷建立专业化数据新闻平台，自主控制内容，加强报道深度，标志着数据新闻专业主义标准的提高。数据新闻为专业性报道提供了事实的数据支撑、生动讲故事的工具以及多样化的呈现方式，在提升专业新闻可读性与阐释效果方面具有明显优势。今后，数据新闻的专业主义程度将不断提高，数据新闻在突发性、调查性报道中的应用也将不断加深。数据新闻发展最终以满足受众需求为驱动，能否契合用户需求影响数据新闻的未来。当前，不少数据产品研发注重与用户的互动交流，强调产品的用户关联性。用户通过互动与数据新闻产品产生共鸣，满足自身独特的应用需求。随着可视化技术的进步，将有更加直观、有效的数据新闻表现形式出现，各类数据的收集将越来越全面化、细分化，产品类型将愈加丰富多样，数据新闻产品的个性化、定制化趋势也将愈加明显。另外，游戏化将是数据产品发展的一大趋势。就目前实践来看，网易、财新等媒体已通过移动端传播的数据应用，探索游戏化发展路径，取得了良好的传播效果。今后，将有越来越多的媒体注重数据产品的游戏化元素开发，以此增强新闻作品与读者的互动，提升用户的阅读体验。

（四）注重数据新闻理论体系建构，创新人才培养模式

与数据新闻实践的蓬勃发展相比，当前我国数据新闻理论架构相对落后，还处于对国外理论的引入和借鉴阶段，未形成权威性理论研究成果。而就当前我国数据新闻实践来看，其存在的诸多问题急需理论上的指导与规范。随着技术的发展、新闻实践的深入以及对数据新闻教育和人才培养的重视，数据新闻学将逐渐发展成为新闻传播领域成熟的学科分支，因此，对其理论体系的建构、完善与发展应该是学术界今后努力的方向。在今后的研究中，学术界应注重结合数据新闻本土化实践成果，从多学科、跨学科、多平台的研究视角，构建完善的数据新闻理论体系，以指导我国数据新闻实践科学发展。在人才培养方面，作为一个日新月异的领域，数据新闻的操作方式、技术工具以及理念的快速更迭，对从业者的技能和素养提出越来越高的要求。澎湃新闻绿色报道组主编黄志强提出："现在的数据新闻记者更像是一个项目经理人，既要懂得如何挖掘、呈现数据，又要对报道的最终效果有所把握。"天普大学新闻学教授梅瑞迪斯·布罗赛德(Meredith Broussard)认为："没有一项技术可以代替记者的思维，记者具备讲故事的能力，而计算机缺乏创造力。数据可以作为辅佐，但绝不能超越思辨的本质。"结构化数据分析能力与讲故事能力相平衡的复合型人才成为数据新闻人才培养的重点。今后的新闻教育应注重学生数据思维培养，提升学生数据分析、处理能力以及数据产品开发、设计能力。"既要在现有师资队伍基础上，建立跨学科教学体系，又要广纳跨学科教师，引进新闻一线记者、编辑，完善教育教学体系"，建立学术界与业界多学科、交叉学科联合的复合型人才培养模式。

第二章　数据新闻的选题与价值判断

第一节　选题类型

数据新闻往往被视为一个独立的新闻样式。但即便是数据新闻的专业奖项全球数据新闻奖，在评比中也未按照数据新闻的类型分类，在评奖单项中有数据故事叙事(Data Storytelling)、数据驱动应用(Data-driven Applications)、数据驱动调查新闻(Data-driven Investigative Journalism)、数据新闻网站(Data Journalism Website or Section)等类别，实际上，数据新闻内部亦有不同的类型。

从数据量上看，数据新闻可分为传统数据新闻和大数据新闻；从与用户的关系看，数据新闻可以分为信息告知式数据新闻和交互式数据新闻。Turo Uskali 和 Heikki Kuutti 通过对数据新闻在欧美的应用发现，当前数据新闻大体可分为 3 种类型：调查式数据新闻(Investigative Data Journalism，IDJ)、常规式数据新闻(General Data Journalism，GDJ)和即时式数据新闻(Real-Time Data Journalism，RDJ)。

一、调查式数据新闻

调查式数据新闻是数据新闻中的深度报道，也是数据新闻的最高层次。调查式数据新闻中的数据大多通过数据新闻记者获得，数据获取难度大，通常需要一个团队完成。在数据的挖掘、处理、分析、阐释上依赖数据记者想要了解的问题而定。为了体现调查性，数据新闻记者不仅需要对数据进行甄别，剔除“坏数据”，还需要就报道的话题采访相关各方，确保调查报道的可靠性。

调查式数据新闻由于制作周期长、动用的媒体资源多，在呈现手段上倾向于多种手段并用。如《华盛顿邮报》对“2011 年白宫枪击案”(2011 White House Shooting)所做的数据新闻报道，以多媒体时间线为主线，辅之以地图、建筑蓝图、音频、照片等元素，将事件重现于用户眼前。

调查式数据新闻需要依托媒体强大的技术支持和人才支持才可实现，因此该类数据新闻较多出现在强势媒体中。

前《卫报》新闻编辑，现任谷歌趋势数据主编分析师在其著作《数据新闻大趋势：释放可视化报道的力量》中谈道："就数据新闻生产流程中所花费的时间来看，统计分析和信息图制作可能占整个数据新闻作品生产时间的 80%。"可见，数据呈现环节所花费的时间不可小视，为了提高产量和效率，将部分作品模版化、工具化，设计更精致，为记者和编辑节省时间，面对相似的新闻事件，采用模板的方式也不失为一种策略，却也是一种挑战。在可视化数据新闻呈现中是仅安于现状，还是不断自我超越？模板毕竟是一个阶段的水平，而受众的审美体验和要求是不断提高的。

【案例】

生活在难民营

Life in the camps 译作《难民营的生活》，是由英国路透社制作的一篇聚焦孟加拉罗兴亚难民营的数据新闻，曾获 2018 年全球数据新闻奖中的"年度数据可视化奖"。自 2017 年 8 月 25 日罗兴亚武装组织和缅甸政府军又在若开邦交火之后，一大批罗兴亚难民为躲避战乱逃往邻国孟加拉国。一时间，孟加拉罗兴亚难民营人满为患，厕所与水井相邻交错，危险的陡坡上住满难民，人均居住面积不足，疾病危机四起。路透社记者便是从以上几点切入，借助航拍、大数据统计、卫星图等技术，制作出了一篇优秀的数据可视化作品。

该作品对孟加拉国科克斯巴扎尔县罗兴亚难民营内的恶劣生活条件进行直观展现。作品使用卫星图像和数据记录了最大的露营群库图巴朗的快速扩张以及基础设施的缺乏。临时厕所坐落在过浅的水井旁，污染了水源，生活空间处于令人绝望的状态。这个报道融合了由数据驱动的图形、照片以及视频，将故事整合起来。报道在社交媒体上广泛传播，获得了参与这场危机援助的机构和人道组织的关注。

在数据新闻报道方面，让数据落地，使数据与水源、地图、卫生间等相结合。整篇报道共分六大块，分别从"二次难民潮后的变化""水源卫生问题""患病情况""居住地的地理风险""与国际标准的差距"和"迷茫的未来"，详述了罗兴亚难民营的生活。首先，该作品利用卫星图像和数据，将数据与地图结合起来，使孟加拉国科克斯巴扎尔县罗兴亚难民营内的恶劣生活条件直观地展示出来，路透社将难民的生活空间清晰地展现出来。其次，通过在地面上使用手持 GPS 设备，记录不规则扩张的库图巴朗难民营的基础设施位置。地图图解团队认识到，部分数据集可以被用于分析基础水源和卫生设施的获得情况。在进行初步分析之后，报道团队发现一些地区的水泵和临时厕所离得过近，导致了主要的健康问题。最后，他们用叙述性的地图图解形式显示了这些信息，每个抽水机和临时厕所都用一个圆点标出，并覆盖在营地足迹图上，并将这些地点与联合国的基本指导方针进行比较，以说明潜在的健康风险。

二、常规式数据新闻

常规式数据新闻是目前应用最多的数据新闻样式。常规式数据新闻对时效性要求较高，通常要求在 1~3 天内完成。由于数据新闻的生产需要一定的周期，因此，并不是所有的新闻都适合做常规式数据新闻。从题材角度看，常规式数据新闻必须是热点新闻，并能持续一段时间，而且数据易得，否则不容易实现。

常规式数据新闻通常以数据集(Data set)作为新闻报道的起点，通常不加质疑地使用可信来源的数据，基于已有、易得的数据，梳理、阐释某个新闻实践或社会议题。

如 PROPUBLICA 网站制作的《工伤调查：你的一只手臂值多少钱?》①(*Workers' Compensation Benefits: How Much is a Limb Worth?*)，在美国，如果在工作中受到永久肢体伤害，同样的伤害在不同的州所获的补偿会截然不同。该报道就不同州的不同"价格"进行了统计和对比，如图 2-1 所示。

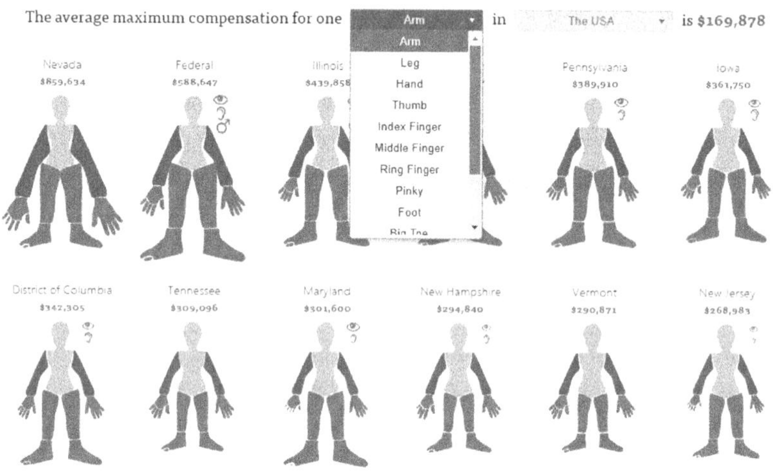

图 2-1　《工伤调查：你的一只手臂值多少钱?》

在这篇可视化报道中，用户可以根据选项清晰地看到每部分肢体伤害在各个州的不同"赔偿款"(按"赔偿款"大小排列)，价值越大，彩色面积就越大，反之就越小。这一表达清晰直观，容易理解。当具体选择某个州的时候，还会出现与全国水

① ProPublica 网站. *Workers' Compensation Benefits: How Much is a Limb Worth?* [EB/OL]. https://projects.propublica.org/graphics/workers-compensation-benefits-by-limb#Alabama.

平的对比。注意，当显示眼、耳符号时，说明在这些州，这些器官的损伤是有一定的支付价格的，而性别符号意味着在赔偿款上面男、女有别，如图 2-2 所示。

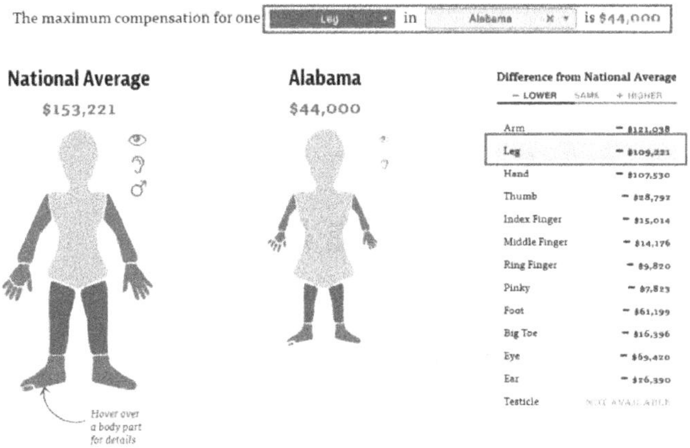

图 2-2　不同器官的损伤在各个州的“赔偿款”

常规式数据新闻的优势在于题材广泛、技术简单、生产成本较低，一般记者经过专业培训可以很快胜任。

在信息过剩的大数据时代，读者的阅读大多是碎片化的，阅读偏向轻量化，图解新闻浓缩精华式的报道把读者最关心的信息呈现出来，只需很短的时间，读者就能获取自己喜欢的内容。因此，在移动化浪潮来临之时，国内外媒体都开始把重心放在图解新闻类的数据新闻上。

三、即时式数据新闻

即时式数据新闻源于机器人写作新闻，它直接利用算法程序撰写新闻报道，通过采集大量的各种题材以及高质量的数据，建立各种分类的庞大数据库，从中寻找模型、趋势以及相互的关系，最后由机器自动化生产新闻。当然，并不是所有的机器人写作新闻都是数据新闻，只有那些符合数据新闻生产模式，由机器人自主完成的新闻才算是即时式数据新闻。

美国一些新闻媒体已经使用新闻机器人（newsbots）自主生成新闻报道。如 2014 年，美联社与 Automated Insights 公司签署了 550 万美元的协议，启用该公司开发的程序撰写有关公司财报的新闻报道。该程序能在几秒钟之内生成一篇新闻报道。现在，即时式数据新闻只出现在美国，多用于财经新闻、体育新闻、自然灾害报道等。

三种数据新闻在新闻业的应用情况，见表 2-1。

表 2-1　三种数据新闻在新闻业的应用情况

类型	制作周期	报道深度	生产成本	用户体验度	技术专业水平	呈现手段	应用范围
调查式数据新闻	长	深	高	高	高	多样	世界多国
常规式数据新闻	短	中或浅	中或低	中或高	中或低	多样	世界多国
即时式数据新闻	接近实时	浅	低	低	低	单一	少数国家

第二节　选题范围

较之传统新闻，数据新闻最显著的特点是能高效地处理、展示大量的数据。反过来讲，如果一个选题涉及大量的数据或文字难以描述的复杂关系，则尤其适合制作数据新闻。纵观媒体热衷报道的诸多热点，一些领域的选题天然涉及大量数据，因此也成为数据新闻的常客，比如政治、经济、体育等领域。

一、时政类选题

随着数据新闻实践在新闻报道领域的不断拓展与深化，媒体逐步开始将数据新闻应用于时政新闻的报道，从近几年“两会”的新闻报道中就可以看出，时政新闻的报道已呈现出明显的“数据化”形式。目前，专门针对时政数据新闻的研究还不是很多，现有的研究多从实践层面进行解读。

有的学者从实际案例出发，探析数据新闻在时政新闻报道中的具体实践情况。金梅珍、董光宇以人民网、新华网为例，从发布频率、报道类型和报道对象、作品形式、数据新闻技术使用几个层面对两家媒体 2016 年“两会”期间的数据新闻报道进行了比较分析。还有的学者着重探讨时政新闻报道中数据新闻可视化的呈现方式。姚瑶的《时政类报道中的数据应用——以 2015 年“两会”为例》在分析数据新闻可视化表达特点的基础上，分析了数据新闻在时政报道“提高新闻策划的创新意识”和“增加新闻报道的客观性”两方面的优势，并进一步提出了数据新闻可视化的发展难点。

（一）数据解读引入时政新闻的可行性

数据新闻的报道基础是高质量的数据源。随着数据开放运动（open data）在全球范围广泛兴起，我国政府和众多社会组织也加入数据开放的行列。这些高质量的数据库为数据新闻的生产提供了丰富的资料来源，特别是政府层面对“政务公开”的倡导，使得一系列有关政府决策、报告、会议等与政治紧密相关的数据可以被媒体广泛应用，这就为时政数据新闻的报道创造了先决条件。特别是官方主流媒体，能通过与政府紧密的合作关系，更加及时迅速地掌握更多丰富甚至独家的数据资源。

数据新闻以数据驱动叙事，实际暗含的是一种“关系逻辑”，即通过分析纷繁复杂的数据，找到宏观现象与微观个体之间的关联。而时政新闻除了强调传播重要的政治信息以外，其价值更体现在对社会与公民的指导上，即政治事件与公民生活的关联性。将数据运用到时政新闻报道，以数据为支撑，会使得这种关联性得以强化，更加贴合受众的真实需求，从而增强政治信息的传播效果。

另外，诸如政府报告等时政新闻报道，往往会涉及数据的呈现以及数据分布、趋势的对比，这就需要直观、清晰的可视化图表来对结论进行呈现。而丰富的可视化手段正是数据新闻最突出的特征之一。直方图、折线图、饼状图等静态图以及气泡图、H5 等动态交互形式的综合运用，可以很好地满足时政新闻对数据呈现的需求，如图 2-3 所示的《改革开放以来政府工作报告》中，“发展”一词出现了 4296 次。

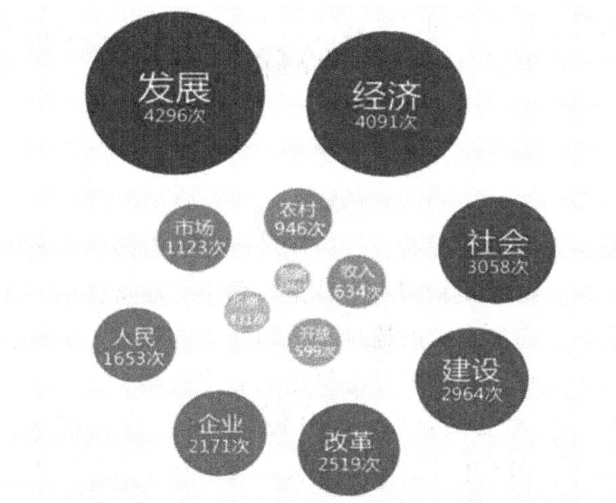

图 2-3 政府工作报告高频词分布

综上，数据资源的保障、叙事逻辑的契合、可视化技术的支持，以及我国媒体对数据新闻的积极探索与创新，都让数据新闻与时政新闻报道的结合水到渠成。

(二)数据新闻在我国媒体时政新闻报道中的应用现状

随着全球数据新闻应用浪潮的兴起，我国媒体遂积极地将这一新的报道方式运用到时政新闻的报道中。尝试首先开始于互联网，搜狐、网易、新浪等门户网站，它们率先设立了专门的数据新闻频道，进行数据新闻的集中生产。但这些门户网站由于没有新闻采访权，所以在时政新闻的报道上明显受限，转而在文化、科技等较为开放、更易抓取数据资源的领域，生产更具趣味性、科普性的数据新闻作品。而如人民网、新华网等主流媒体网站，凭借自身在报道资源和操作经验上的优势，能够更加及时、专业地生产数据新闻进行时政新闻报道，这使得在主流媒体网站设立的数据新闻频道中，时政类的数据新闻作品往往是数量最多且制作最精良的。如新华网“数据新闻”频道就专门开辟了“讲习所”栏目，以“习近平权威图解”为宗旨，用数据可视化手段解读习近平一系列的政务活动。

伴随数据新闻生产的日益成熟，传统的报纸媒体也纷纷开始时政数据新闻的尝试。诸如《南方都市报》《新京报》等，都将数据新闻作为日常时政报道中最常用的报道形式。

而电视媒体也在数据新闻的这股浪潮中，充分利用声画合一的媒介优势，推出了一系列沉浸性更强的时政数据新闻作品。例如，在2016年春节期间，中央电视台联合百度数据推出了10期“‘据’说过年”的系列数据新闻报道，通过数据解读人们在春节期间的“春运”“串门”“抢红包”等一系列行为。数据、声音、画面等多重维度元素的运用，使公众在观看这些报道时，会有一种身临其境的亲切感和参与感。

从媒介范围来看，数据新闻已然渗透到我国媒体日常的新闻报道，成为常态化报道之外的有益补充，并随着技术和流程的不断成熟，向着常态化数据报道的方向发展。

二、财经类选题

从数据新闻发展至今的情况看，其应用范围相对有限，但与财经类报道有天然的对接条件。经济类、财经类新闻本身就是以数字、数据说话，而同时，数字、数据又是枯燥、繁杂的，需要有效的梳理和清晰明了的呈现。数据新闻凭借对数据的挖掘、分析和可视化呈现，成为财经类报道的有力武器。

数据新闻与财经报道的结合始于2013年财经类媒体探索尝试可视化报道。《21世纪经济报道》从2013年开始每天在头版头条刊登信息图表，财新网在当年推出一档数据新闻栏目“数字说”，央视新闻也开始“据说”系列的探索。目前，财经类数据新闻以其独特的表现价值成为财经媒体的重要报道手段。财经类数据新闻的独特价值在于让数据更加直观和美观。

学区房一直是北京房地产市场的热话题，《瞭望东方周刊》“数读”栏目在2015年9月开学季学区房市场价格再次飙升的背景下做了《北京学区房的秘密》，包括学区房的分布、价格、重点学区和一般学区的对比，依托海量的数据分析和图形、图例的视觉展现，对百姓关注的种种社会现象进行大数据的视觉解读。

以财新网“数字说”为例，其报道的静态图表中没有庞大的数据、繁杂的线条，运用简单的黑色背景配上少量的浅色文字或白色文字展现，简洁明了，没有多余复杂的元素，没有令人眼花缭乱的视觉压迫感，经常采用动漫设计以及模拟情景展示，让人有一种进入情境的感觉。

【案例】

财新网《2016年的中国楼市》作品分析

《2016年的中国楼市》①这篇作品比较了2016年中国100个城市新建住宅平均价格，并梳理了2010—2016年中央和地方房地产调控政策。人们能买得起房吗？对于居住在深圳的人来说，“一个平均线上的家庭要购买一套平均价格水平的、100平方米的房子，需要不吃不喝37年”。该作品的亮点在于，数据丰富详细，分析全面深刻。

（一）坐标和曲线两种图表形式的结合

该数据图采用坐标图和曲线图的综合，坐标图列出了2016年100个城市的新建住宅及调控政策的情况，清晰明了地判断出各城市的住宅状况；而曲线图则表示整个2010—2016年的发展趋势。个别和整体的结合，能够更加突出其中的主题和问题。

（二）合理调整色彩，用时间段来进行对比

这套数据图采用的是时间段的对比，其中对每个城市的情况还进行了不同色彩的标记，如图2-4所示，相对而言，较长的时间得出的数据比短时间得出的数据更容易让人信服。住房问题以及房地产调控问题一直是社会的热点关注问题，关乎人们的住宿，所以更能引起网民的共鸣。

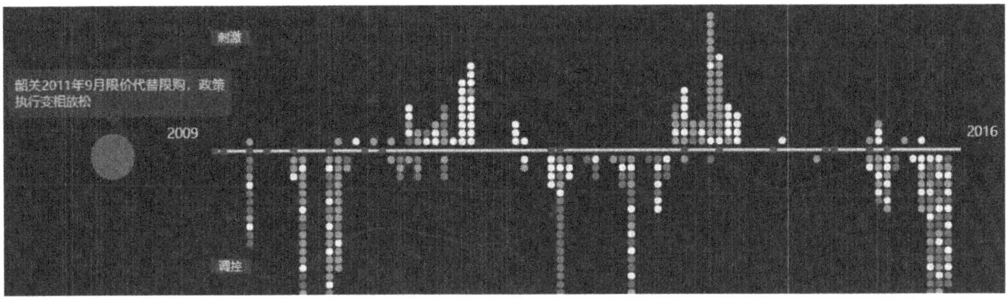

图2-4 2009—2016年中国楼市对比情况

三、民生类选题

民生类新闻报道旨在关注和满足民众生存和发展诉求，引导民众理性生活。关于某些特定领域的民生新闻报道，常常包含很多专业信息，如医疗卫生、住房、

① 财新网. 2016年的中国楼市[EB/OL]. http//datanews.caixin.com/mobile/fang2016/PC/.

社会保障等领域，其专业性会对受众造成某种程度的理解障碍。此类报道就需要记者对其进行一定程度的科普解释，但这种科普解释往往受制于报道篇幅、版面大小、记者的专业知识素养等因素，未必能够达到简单易懂的表述程度，以便受众理解。

此外，某些民生领域的新闻报道常常需要将数据信息纵向延伸，发现其中的趋势或规律，数据信息量较大时，文字、图片或是简单的图表就很难实现直观的信息呈现。而数据新闻的表现形式恰恰为这些问题提供了相应的解决途径。与纯文本类民生报道相比，数据新闻这种利用大量数据来源制作的可视化表现形式无疑更加直观、易懂且更具有说服力。

与传统的民生报道相比，以数据新闻形式进行民生报道，将大量的文字信息转化为可视化的信息图表、时间轴、动态演示、数据地图等，以数据为主，以文字为辅，能够更直观地呈现新闻事实，更具说服力，同时也很好地迎合了新媒体时代受众的阅读兴趣以及信息获取方式，增强可读性。

随着社会与经济的快速发展，人民的生活水平也在飞速提升，人们越来越关注与自身息息相关的民生问题，国务院总理李克强在 2017 年的政府工作报告中就提出了民生问题，如“加大就业援助力度”“扩大优质教育资源覆盖面”“依法惩治电信网络诈骗”“坚决打好蓝天保卫战”等。民生新闻作为以民众为出发点的新闻报道，对百姓生活的方方面面都有所关注，本书将民生类报道议题分为 7 类，分别为医疗卫生与健康，社会保障与服务，文化娱乐与信息化服务，交通运输与出行，就业、创业与收支，教育问题，环境保护与治理。

(一) 医疗卫生与健康

在网络媒体的民生类数据新闻报道中，医疗卫生与健康主题的报道是最常见的。医疗卫生与健康类主题报道的关注点可以分为 3 类。

一是关注疾病本身，例如，对突发性公共卫生事件的科普《“埃博拉”病毒的前世今生》(搜狐“数字之道”)、由“冰桶挑战”引发的对罕见病的关注《罕见病在中国：无定义、无药物研发的立法支持》(网易“数读”)、癌症的影响因素《生活中究竟有多少致癌物?》(搜狐“数字之道”)、抑郁症导致的自杀《夺命的抑郁症》(搜狐“数字之道”)等。

【案例】

财新网是如何运用数据新闻报道高发癌症的

世界范围内，癌症是引发死亡的一大原因，2012 年约有 1400 万个新发癌症病例。预计今后 20 年，癌症新发病例数将增加约 70%。癌症是全球第二大“杀手”，2015 年导致 880 万人死亡。从全球情况看，近 1/6 的死亡由癌症造成。大约 1/3 的癌症死亡源自 5 种主要行为和饮食危险因素：高体重指数、水果和蔬菜摄入量低、缺乏运动、使用烟草以及饮酒。烟草是最重要的致癌危险因素，造成约 22% 的癌症死亡率。癌症带来的一系列问题对经济影响很大，且在不断加剧。估计 2010 年由癌症导致的年度经济总费用约为 1.16 万亿美元。可见，癌症是每个人、每个国家都非常关注的话题。那么，财新网又是如何利用数据新闻报道高发癌症的呢？

1. 立体化展现新闻结构数据的时间跨度区别

财新网的数据新闻报道《0～100 岁看看哪些高发癌症值得关注》①，立体化地展现了新闻结构数据的时间跨度区别。其以 3 个部分来呈现人体的性别、年龄以及不同的年龄段所感染的病症的表现，作为该报道最主要的一个部分，此数据图从视觉方面十分形象地展现了整个身体构造，脉络清楚且十分明晰，此外，还包含 0～100 岁每个阶段都会出现的病症，并且以动图的形式，清楚地展现身体各个部位发病率的排名情况。

2. 以时间变化的逻辑呈现高发癌症的变化进程

时间变化体现了事物变化的逻辑，按照时间线来组织新闻报道，会使事件的逻辑更加清晰。但是在传统的新闻报道中，时间逻辑的表达方式比较单一，进程感并不是特别强，很难抓住每个时间点上的变化。而《0～100 岁看看哪些高发癌症值得关注》形象地展现了时间变化导致的动图变化，从而展现病症的变化。动图最右侧的是时间线，鼠标点击每个时间点，就可以在上方看到相应领域的男、女癌症发病率的排名。每个年龄段都有一个对应的区域，以及男、女得病率的排名，这样，读者可以对任何年龄段的信息一目了然，直观地看到每个年龄段不同性别发病率的相关信息，对时间变化维度上的癌症得病率排名与进程有全面、深入的了解。

二是关注健康水平，如居民的饮食安全《警惕食品安全死角：进口食品也别都进“口”》（新华网“数问民生”）、青少年的身体素质《想“赢在起跑线”？孩子先得有个好体质》（新华网“数问民生”）、卫生习惯《74%的中国人，一天刷不了两次牙》（网易“数读”）等。

三是关注医疗行业，如医疗条件《中国产科现状：剖宫产率高助产士又太少》（财新“数字说”）、医改政策《互联网助力医疗，五大改变看得见》（新华网“数问民生”）、药品生产《中国药价普遍虚高，“制度成本”有多少?》（网易“数读”）、医疗

① 财新网.《0～100 岁看看哪些高发癌症值得关注?》[EB/OL]. http://datanews.caixin.com/mobile/interactive/2019/cancer/.

数据《医疗数据泄露，赔偿罚哪儿去了呢?》(ProPublica)等。

【案例】

ProPublica 网站是如何运用数据新闻报道医疗数据泄露赔偿罚款去向的

美国 ProPublica 网站的报道《医疗数据泄露，赔偿罚款哪儿去了呢?》①(*Over* 1400 *Health Data Breaches*, *but Few Fines*)详细介绍了自 2009 年 10 月以来，医疗保健机构已经发现超过 1400 起隐私泄露事件。每次隐私泄露事件至少波及 500 人，但这些人却很少得到合理的赔偿。虽然美国政府明令将打击保险公司、医院和医生泄露病人隐私，但近年来病人隐私遭泄露的情况并未得到改善。报道详细介绍了隐私泄露情况。

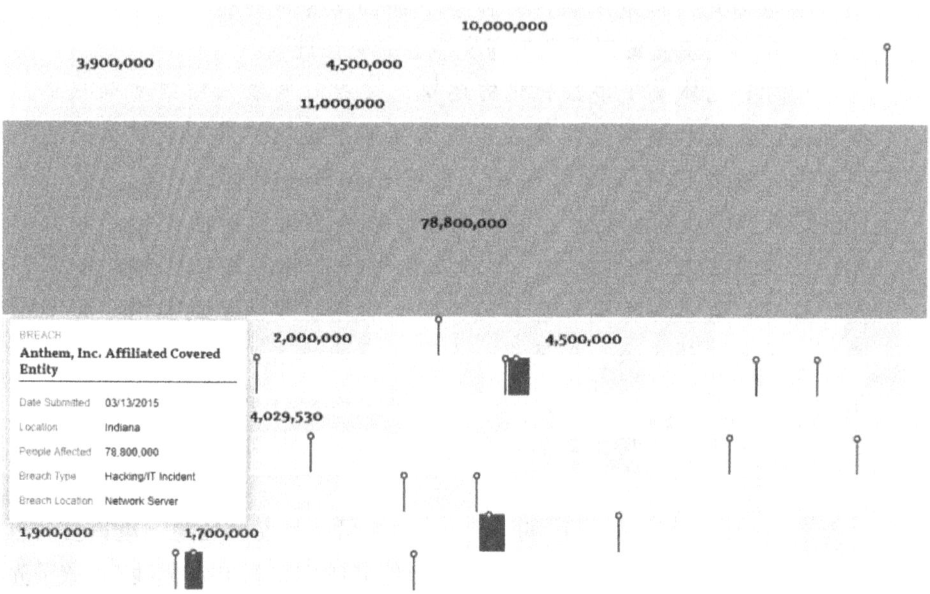

图 2-5　《医疗数据泄露，赔偿罚款哪儿去了呢?》

报道最大的亮点在于可视化设计，读者可以根据选择项选择了解每个州或每个医疗组织的隐私泄露情况，包括数据泄露波及人数、数据泄露的类型和位

① ProPublica 网站. *Over* 1400 *Health Data Breaches*, *but Few Fines*[EB/OL]. https://projects.propublica.org/graphics/healthcare-data-breaches.

置等。选项对应表格中的色块，当鼠标拖到色块的部分时，就会出现详细的信息。

(二)社会保障服务

社会保障服务也是网络媒体民生类数据新闻的常见主题。此类主题的数据新闻多为对养老保险、医疗保险、住房保障、社会救济、社会福利、脱贫攻坚等一列问题的相关探讨。其中，讨论最多的是养老问题，这与近年来我国乃至全球的老龄化现象日益紧迫导致人们开始担忧“老无所养”相关，例如土地情报的《一张图看懂：重庆养老产业 SWOT 分析及发展趋势》①。但在相关养老报道中所呈现的多为老龄化的趋势、不同职业间养老金的差距、养老机构的现状，对养老机制的数据挖掘力度不够深入，报道中的数据多来源于媒体报道中的现成品，缺乏广泛的数据抓取，导致在“数据驱动报道”方面有所欠缺。

我国社会已进入深度老龄化阶段，而重庆老龄化程度尤为严峻，土地情报的《一张图看懂：重庆养老产业 SWOT 分析及发展趋势》从 SWOT(优势、劣势、机遇、威胁)四个方面分析重庆是否适合开展养老产业。重庆发展养老产业的优势之一就在于养老产业市场潜能巨大，重庆 2019 年市场规模为 1300 亿，预计 5 年后将达到 3300 亿，如图 2-6 所示。通过各种数据的分析对比，用一张图就能够清晰明了地说明情况。

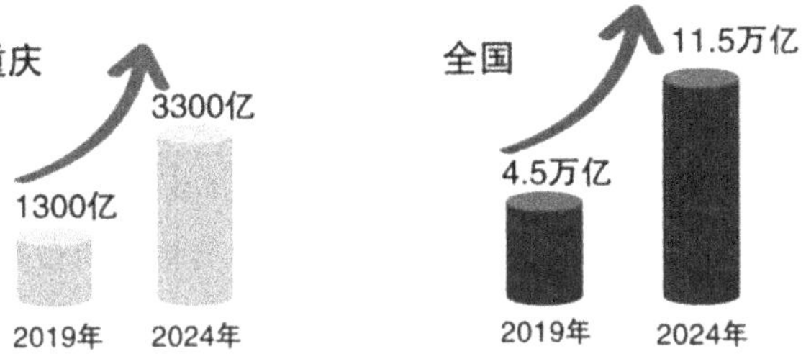

图 2-6 重庆养老产业分析

(三)文化娱乐与信息化服务

在民生类数据新闻的报道中，文化娱乐与信息化服务也是民生类数据新闻的常见主题。在此类主题的报道中，常以某一文化现象或社会事件为线索，对同类现象

① 土地情报.《一张图看懂：重庆养老产业 SWOT 分析及发展趋势》[EB/OL].http://news.fang.com/open/32737793.html.

进行相关的数据整合和分析，往往带有一定的科普性和趣味性，以关注较多的婚恋问题为例，既有《找不到对象还影响经济？大数据说单身族》（新华网“数问民生”）这样对单身族的聚居地、消费兴趣、旅游倾向等进行趣味数据分析的报道，也有《“出柜”的代价》（搜狐“数字之道”）等对同性恋在多国立法、“出柜”困扰等相关问题进行呈现的科普性报道。而关于信息化服务的议题多为“互联网+”“数字经济”“移动支付”“信息安全”等，与时下热议话题接轨，以图解的形式为受众梳理信息。

（四）交通运输与出行

在民生类数据新闻的报道中，数据新闻的关注角度可以分为3类：一是对交通工具的关注，如共享单车的发展、进口汽车的品质、地铁票价的涨幅等；二是对运输渠道的关注，如高速公路的建设、高铁的运行等；三是对旅客出行的关注，如节假日出行的路线建议、航班延误的赔偿等。此类报道多是通过对各类数据的统计比较发现某种现状，是对当前状况的一种说明和呈现，在呈现方式上比较灵活，加入了互动图，但往往忽略了数据新闻的预测功能。新华网发表于2018年2月7日的一篇报道《2018春运交通出行攻略》，就是对过去同时段道路交通状况的数据进行分析后做出预测。

【案例】

北京地铁涨价的数据报道

百度秉持简洁的设计风格，其设计不仅可在电脑PC端登录使用，也可在手机移动终端传播。该设计首先映入眼帘的是报道标题《地铁涨价你的交通费涨多少》，以题压图的方式呈现，下面是可选择的地铁“起始站”与“终点站”，在点击相应选项时，页面会自动跳转到可选择的地铁线路和相应的站点，给用户带来更为便利的操作体验。

当用户开始选择站点时，网页的圆形图中将以插画幻灯片的形式呈现整个北京地铁价格调整的历史变迁。有趣的是，当用户选择“开始计算”后，显示的计算结果并不仅限于呈现单程票价，还将这一票价与之前“2元”时代的出行费用进行对比，将一年出行多花的钱也展示出来，并且用折合的方式与用户熟悉的生活用品支出做类比，把每年多花的钱折合成购买进口奶粉花费的钱，使数据的实用性大增，迅速拉近了报道和用户之间的距离。

（五）就业、创业与收支

民生类数据新闻的报道中讨论较多的话题是大学生就业或创业、年终奖金、跳槽升迁、薪资涨幅，常以当时社会热议的某一就业现象为引题，对相关数据进行剖析后，通过信息图表的形式较为客观地解读该现象，如财新网 2017 年 5 月 8 日的报道《十年间中国大学毕业了 7000 万人》，以该年高校毕业生人数高达 795 万人这一热门话题为引，以静态信息图的形式呈现 10 年间高校毕业生人数的变化、5 年间大学毕业生的就业率及自主创业比例的变化，对当下高校毕业生的就业现状进行了较为客观的分析。但此类报道中的数据同样多来源于媒体报道及相关企业网站的调查，对政府的相关文件或报告、高校或研究机构的相关数据等利用程度较低，使得数据来源较为单一。

（六）教育问题

以教育为主题的数据新闻除了对相关政策落实、教育经费、教育资源分配等问题的探讨外，多聚焦于"学区房""课外辅导""出国留学""考证热""高校排行"等引起社会热议的话题，通过数据分析对这些热门问题进行剖析，但此类报道多数仅停留在现状呈现阶段，很少对其背后的数据进行广泛的抓取和挖掘，使得报道不够深入，以新华网的报道《暑期"超前教育"我们该如何面对》为例，该报道只依据 2016 年课外培训方面的相关数据及《广州日报》对"家长如何看待课外辅导"的态度调查来分析"超前教育"问题。该报道数据挖掘力度较浅，对现象没有深入分析，无法为受众解答题目中的"我们该如何面对"。

【案例】

大数据图说高考志愿填报

临近 2020 年高考，很多高考学子家长陷入一片焦灼，如何正确选择学校与专业方向，对于广大考生来说，亦是一场同样重要的考验。高考分数是考生进入高校大门的重要敲门砖，充分利用自己的分数做出合理选择，最终被心仪的学校及专业录取至关重要。为帮助考生准确选择学校与专业方向，人民网舆情监测室联合升学网，以教育部 2013 年录取和报考数据为基础，进行了全国高考大数据分析，希望能帮助考生做好志愿填报工作，走好人生的重要一步（如图 2-7 所示）。

人民网对 2014 年全国高考志愿填报的数据进行了分析，是一篇比较全面和具有代表性的大数据文章，利用图片等大量数据说明，来分析和反映 2019 年高考填报志愿状况以及文理科情况对比，全面分析了近几年高考填报志愿人数的变动情况，对于 2020 年高考考生，具有指导借鉴的作用。

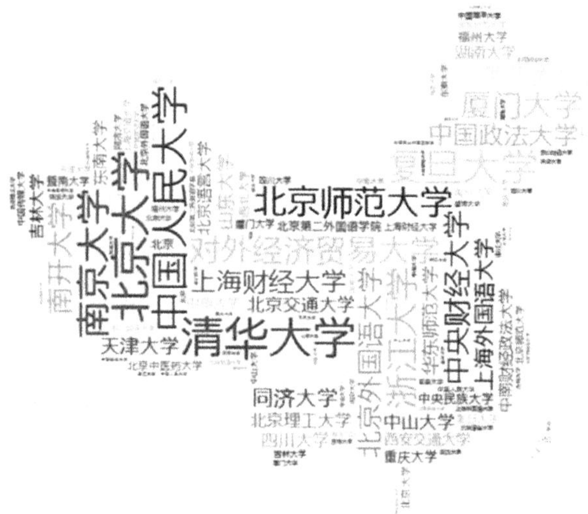

图 2-7　高考志愿填报词云①

(七)环境保护与治理

此类报道的议题多集中于 3 个方面：一是对环境污染事件的呈现，如财新网 2018 年 1 月 23 日的报道《东海撞船事故现场还原环境影响几何?》，通过对撞船事件的图解，呈现了事故可能带来的危害及类似事件造成的环境污染情况；二是环保政策的落实情况，如新华网 2017 年 6 月 15 日的报道《“限塑令”9 周年你还在用塑料袋吗?》，用数据展示了“限塑令”出台后推行至今的状况以及由塑料袋造成的一系列危害；三是野生动植物的保护问题，如财新网 2017 年 6 月 14 日的报道《保护动物也看脸，萌宠大熊猫其实不濒危了》，罗列了亟待保护的动植物数量及濒危状况。此类报道倾向于对数据的可视化呈现，而忽视了对环保数据的深度挖掘，使新闻报道流于浅层。

【案例】

财新网《东海撞船事故现场还原环境影响几何?》

《东海撞船事故现场还原环境影响几何?》②并没有过多地叙述事故发生时

① 人民网舆情频道.《大数据图说高考志愿填报：您做好准备了吗?》[EB/OL]. http://yuqing.people.com.cn/n/2014/0619/c364319-25170947.html.

② 财新“数字说”.《东海撞船事故现场还原　环境影响几何?》[EB/OL]. http://datanews.caixin.com/2018-01-23/101201483.html.

的情况，而是将关注焦点放在撞船事故引起的石油泄漏对海洋生态环境所带来的灾难。该报道从国家海洋局网站获得数据，通过卫星遥感数据解译，并用动图再现了两辆轮船发生碰撞前后的整个行船轨迹，用深色图像覆盖监测到的3处条块状溢油分布区。该报道通过图解的方式向公众简单明了地解释了什么是凝析油，并从原油和化学品运输行业人士和环保人士两个不同角度来解释此次事件给海洋生态带来的环境危害。

媒体在环境事件中不仅充当着各类环保组织的有力支持者和同盟，同时也在公民自发组织的环保活动中充当议题的发起人和推动者。从财新网“数字说”频道的环境新闻报道的议题框架来看，我国环境新闻已经逐渐从简单的曝光与监督环境问题的浅层道德批判的孤立视角中跳脱出来，转而关注环境风险背后的深层次伦理问题、人类命运共同体的风险责任意识，以及人与自然和谐共生的生态理念等。在风险伦理的指导下，坚持整体的生态原则，倡导环境公平和正义，践行风险责任伦理，不仅强调风险后的补救，同时还对过去的环境事件有反思、有回顾、有追踪，更重要的是，以一种全球性和前瞻性的高度责任意识来引导和教育公众，规范实践行为，推动全球的环境治理与风险预警。

《东海撞船事故现场还原环境影响几何?》报道中整理出历史上有名的原油泄漏事件，用“满身油污的惨死灰鲸”“戴着防毒面具清理油污的工人”和“满身油污正在挣扎的海鸟”等具体生动的新闻图片，形象地展现了每一次石油泄漏事件给当地生态造成的巨大破坏，对生物造成的难以估量的慢性影响，这些都将无形的生态环境风险以具象化的方式体现，用触目惊心的细节化图像和文字的紧密结合，警示环境污染的风险后果，塑造公众的环保意识，促进社会的生态风险治理。

因此，从财新网的环境新闻报道中，我们看到越来越多的中国媒体开始立足于媒体定位，围绕生态环境这个全球性话题，用全新的生态环保思维对环境议题进行重构，并以媒体报道作为桥梁和纽带，为进一步推进我国的生态文明建设与生态理念的传播做出自己的努力和贡献。

综上所述，我国网络媒体在民生类数据新闻的报道中，基本能紧随当下热点，对民众关注的话题进行数据解读，新闻报道要素中的重要性、时新性、接近性和趣味性都有所体现，但是还存在一些普遍缺点：数据来源较单一、数据挖掘力度较小、忽视大数据的预测功能，导致此类报道缺乏深度。

四、体育类选题

大数据为体育新闻报道注入新的发展驱动力，转变传统新闻生产流程，增加体育新闻的广度、深度及预测的准确性。传统新闻生产通常依靠记者的新闻敏感，以事实驱动，呈现形式多以文字为主，而大数据在新闻传播领域的应用变革了传统新闻生产流程，新闻生产从事实驱动转向数据驱动，记者通过数据挖掘和处理，发现数据背后的新闻事实，以生动形象的可视化方式呈现新闻内容。

新闻生产流程的变革增加了体育新闻报道的广度，通过数据集成将体育赛事放在更为广阔的背景下，可拓展体育赛事报道的历史维度。2016 年里约奥运会期间，《纽约时报》以跑道为坐标轴，将 1896 年至今所有的男子百米奖牌获得者置身同一跑道，读者可以通过与终点距离的差距清晰地看到，在 100 多年的时间里人类百米纪录是如何从“11 秒时代”一步步跑进“9 秒时代”，如图 2-8 所示。

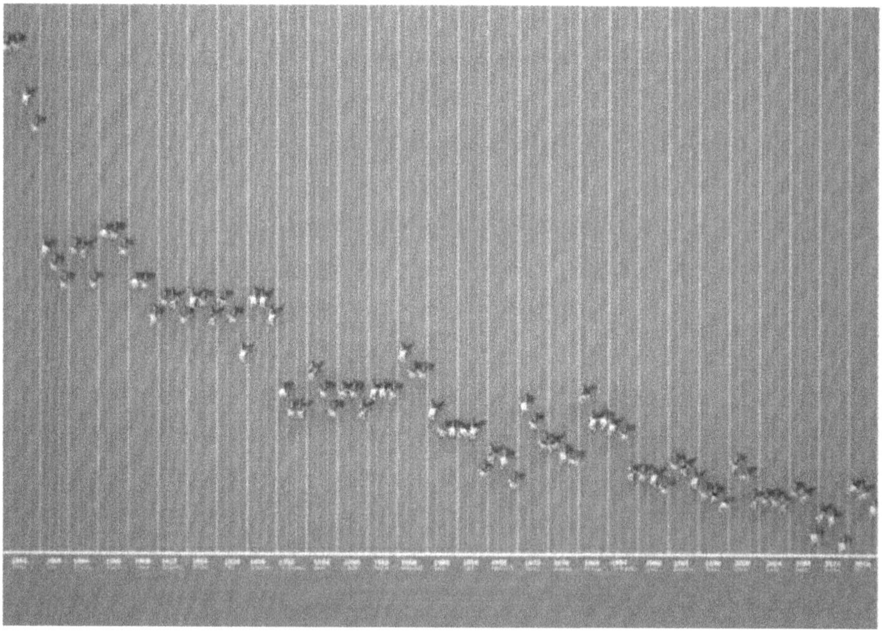

图 2-8　百年间的百米纪录①

【案例】

《卫报》的报道《孙杨是如何夺取 200 米自由泳金牌的》

数据新闻还可增加体育新闻报道的深度，为受众揭示现象背后的本质。英

① 纽约时报.《博尔特和“世界上跑得最快的男人们”》[N/OL]. http://www.sohu.com/a/111682088_199212.

国《卫报》的数据可视化作品《孙杨是如何夺取200米自由泳金牌的》①动态地展示了运动员从比赛开始到结束的所有状态数据，以50米、100米、150米、200米作为节点，深度分析孙杨从起跳落到最后25米实现赶超的过程，如图2-9、图2-10、图2-11所示。

图2-9 各选手起跳反应时间分析

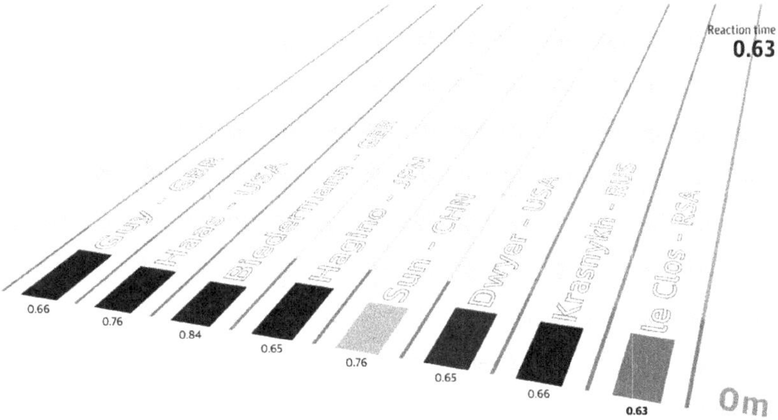

图2-10 前50米过程分析

① 卫报. 孙杨是如何夺取200米自由泳金牌的[N/OL]. http://investors.nytco.com/investors/financials/annual-reports.

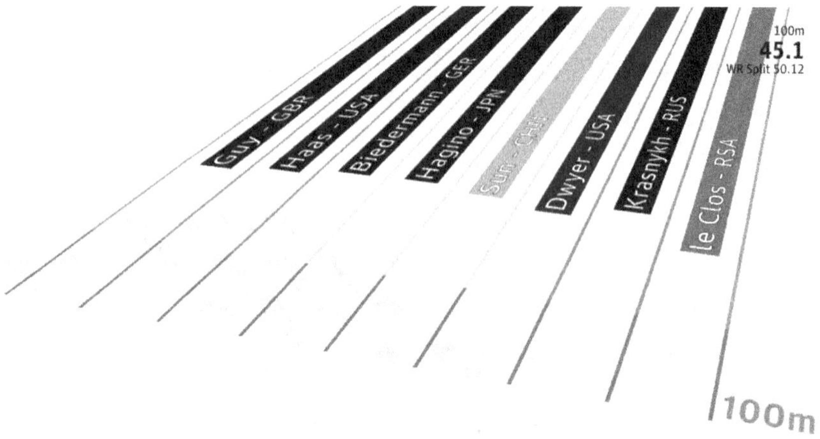

图 2-11　50-150 米过程分析

首先，是对各选手起跳反应时间进行分析，随后用 50 米、100 米、150 米、200 米作为节点，以领先者的成绩与他人做横向对比，来动态展示领先者的优势以及其他追赶者与他的差距。同时，该报道运用细节图片来展示选手们的运动过程解析，通过使用比赛时的水上和水下照片来分析运动员的运动细节和速度。

1. 多元、创新的数据表现形式

动态信息图逐渐成为数据新闻图示形态新的发展趋势，《卫报》在这篇数据新闻中所使用的图示形态较为新颖。这篇数据新闻不仅将数据可视化，更精妙的是，动态地展示了一个运动员从比赛开始到结束的所有状态数据。将信息图表做成动态效果，这更符合视觉传播时代受众的习惯与偏好，不仅可以获得关注度，还能帮助受众更清楚透彻地了解新闻信息。

2. 多维度整合数据，突出重点

该作品不仅展示了这场比赛选手的成绩数据，还将他们的成绩与每个金牌和世界纪录保持者做对比，做出数据可视化作品，通过宏观的比赛成绩数据，让人们更直观地了解该运动员的综合水平。尽管信息较为复杂，《卫报》为了避免信息图过于精细，十分注意数据的结构化和清晰化，方便受众在最短的时间获取最大量的信息。

大数据的应用也可为预测性体育新闻报道提供依据，大大增加了体育新闻的预测准确性。在 2014 年巴西世界杯期间，百度公司借助数据分析对世界杯赛的结果进行预测，其中四分之一决赛和 16 强的预测准确度达到 100%。投资分析家 Richard Brown 甚至认为，“大数据能让博彩公司破产。因为大数据让平头百姓拥有了击败博彩公司专业数据分析的可能，以至于改变博彩公司的盈利和游戏规则”。

大数据推动全媒体发展，增强体育新闻的互动性及个性化，提高受众阅读体验。数据新闻的叙事主体是数据，但数据新闻并非简单的数字罗列，而是通过各种各样的可视化、个性化、游戏式、互动式的全媒体方式呈现新闻主体。通过全媒体发展，既可以满足受众对于获取信息的基本需求，也可以满足受众高层次的娱乐需求、互动需求和参与需求，大大提高受众的阅读体验，增加体育新闻报道的影响力。

在著名数据新闻网站 Five Thirty Eight 针对 MLB(美国职棒大联盟)设置的赛事预测网页中，受众可以根据个人喜好自主查看任意一支球队的赛事获胜概率、入围季后赛概率、球队排名等。在 2018 年俄罗斯世界杯临近之际，该网站还推出题为《世界杯你应该支持哪支球队》的小测试，通过回答 7 个简单问题，为读者测算出最符合个人喜好的球队，并通过生动有趣的可视化数据图表，向读者展示该球队的比赛风格、攻防水平、传球得分等。

五、灾难事故类选题

“数据可视化能够以直观的图形展现数据信息，利用视觉化优势从不同的维度解读数据及其结构关系”，从而将专业知识化繁为简。因此数据可视化能够在与灾难相关的专业信息和受众之间搭建理解的桥梁，进而增强报道的影响力。基于灾难事故不可预测、现场感强和瞬息万变等特点，受众对灾难事故报道存在两方面需求：渴望身临其境地拉近自己与事故现场的距离；渴望获取一些实用知识，比如事发原因解读、救援方式选择以及遇到同类事件如何自救。对此，一方面，数据新闻可以利用交互设计，让受众对灾难事件产生身临其境之感，增加受众对灾难事件的参与度；另一方面，数据新闻可以选择专业信息和自救知识科普、同类事件盘点和动画还原现场等角度来呈现事件，满足受众多元化的信息需求。因其可视化及数据信息量大的特点，数据新闻在报道灾难事故时颇具优势。从近几年的新闻实践来看，新闻行业在报道灾难事故时采用数据新闻这一报道形式并不少见。

【案例】

“东方之星”沉船事件新闻报道①

(一)用数据观进程

“东方之星”翻沉事件发生后，各大媒体首先都对事故发生的地点进行了

① 姚寓泾. 从“东方之星”沉船事件新闻报道看媒体如何担当[J]. 南通周刊，2015，6(12)：124.

精准定位和迅速追踪。财新网在报道时就利用了宝船网的 AIS 技术(该系统通过卫星接收船舶发出的报文信息，将报文信息发给相应的地球站，从而使陆地管理机构掌握船舶的动态信息)，将“东方之星”的航行时间和位置进行了对应，呈现出客船的行进航线。用数据呈现事件的微观层面是通过使用先进技术来还原灾难发生的场景。在事故发生 12 小时后，新华网不仅率先发出报道，用图解的方式首发沉船事件，标明了事故发生的位置，而且再现了客船的舱位平面图、船上的人员分布等情况，如图 2-12 所示。

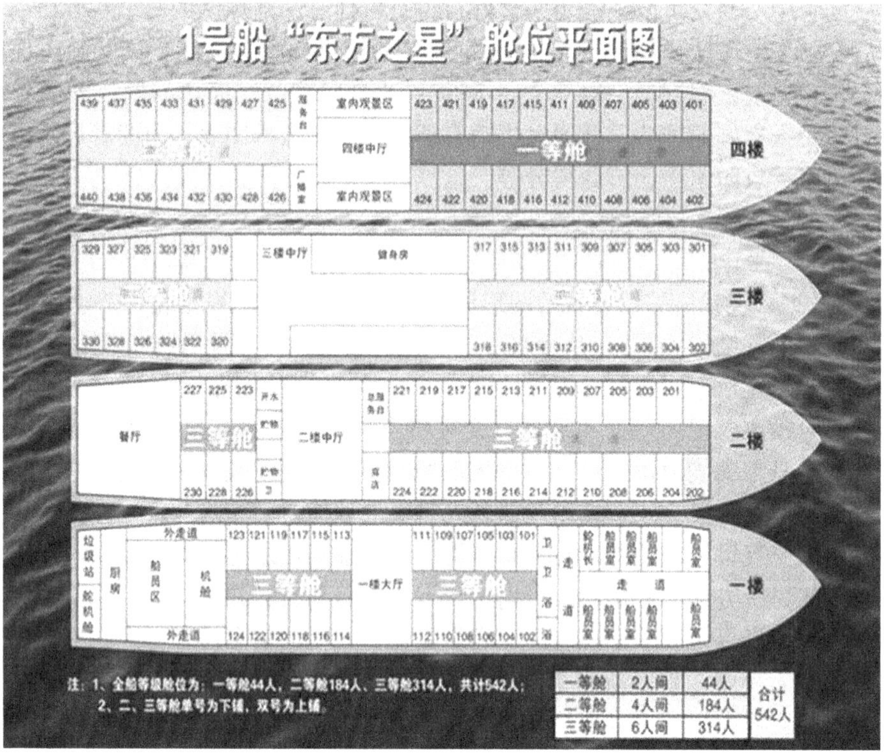

图 2-12　“东方之星”舱位平面图

(二)用数据讲故事

“东方之星”号翻沉后，多家媒体运用了可视化的手段——“动新闻”来还原翻沉过程，用图像、动画、音乐等视听语言来给读者讲述事件发生过程。在事故发生之后的第 2 天，新华网数据新闻部播发了还原“东方之星”倾覆瞬间的“动新闻”，综合使用了之前制作的图解作为解析元素，着重模拟“东方之星”遭遇龙卷风的经过，并配以风力、水平尺度、持续时间等数据，多形态地还原了事故现场。无独有偶，腾讯新闻也策划并推出了类似的“动新闻”，该视频立体演示了“东方之星”倾覆之前曾经试图掉头的路线场景。除再现游轮倾覆瞬间的动画外，《新京报》还推出了一系列分析翻沉原因、展现搜救进程的“动新闻”栏目，整合了3D动画、手绘、现场照片，并佐以配音解说。其中，该报利用3D动画介绍了翻沉时“东方之星”的船体结构，以及此前该游轮的船体改造情况。在突发性灾难报道中，以交互为载体、以可视化为手段、以多角度报道为目标的报道模式不仅可以多层面地展示灾难的情况，而且丰富了突发性灾难事件的报道内容和形式。

（三）用数据传知识

新闻传播既是一种信息生产和传播，也是一种知识生产和传播。虽然新闻报道中也会有纯粹的知识普及，但是新闻报道本身毕竟是要依赖新闻事件的。在一个社会的知识系统中，媒介知识的生产和传播扮演着重要角色。新华网在首发“东方之星”翻沉事件之后，不忘为读者补充知识，使用图解新闻的方式梳理数据，发布科普图表“一旦轮船发生事故，我们该怎么做”；翌日，又补充了“龙卷风的成因和危害”的图表。随着救援工作的进行，新华网根据切割情况补充发布了科普图解“什么是船体切割救援”。财新网在“数字说”栏目刊发《国内近30年重大沉船事故盘点》，网易推出沉船事件最关心的10个问题等知识性传播，也大大发挥了释疑解惑的作用。在突发性灾难事件报道中，数据新闻不仅提供了更多的报道方式，扩充了报道内容，同时也给予读者更大的自由选择度，读者可以根据自己的利益与兴趣，选择性地获取信息与知识。

第三节　数据新闻的价值判断

虽然通过大数据技术，数据新闻能在时效性、接近性等方面做出一定的变革，但是在新闻的社会性、重要性、有效性等方面，大数据技术难以满足要求，新闻价值大打折扣，尤其在对突发事件、重要新闻的报道方面，大数据技术显现出明显的社会人文性不足的缺陷。

一、新闻价值不等于数据价值

在大数据时代，数据具有重要价值，人们可以通过数据挖掘和分析，找到数据中隐藏的关联信息和规律，用于指导实践获得利益。但是在新闻传播领域，数据价值并不直接等于数据新闻所具有的新闻价值。

例如，在英国《卫报》针对伦敦骚乱的报道中，通过运用大数据技术，分析了上万条数据信息，最终找出引起骚乱的真正原因和7条主要谣言的传播路径，驳斥了英国政府先前认为的“社交网站是引起骚乱的主要原因”的论断，同时，新闻报道还发现了伦敦贫富差距拉大等其他社会问题。如果单单分析数据价值，万条消息只能提供其中包含的简单语义信息，以及几条谣言的数量与传播路径，无法分析得出背后的深刻含义。而读者最关注的新闻价值，并不在于一共分析了多少条消息、它们分为几类、有几条谣言、传播的具体路径是沿着哪几条街这样简单机械的数据信息。读者关注的是数据背后挖掘出来的新闻价值：从数据分析得出的结论。

也就是说，读者关注的是数据背后的价值，由数据价值分析得来的新闻价值，因此新闻价值远远大于数据价值。新闻的价值不是由数据的价值决定的，而是由新闻本身包含的各项影响因子综合作用的结果，数据价值只是其中的一部分。新闻价值决定数据价值，而不是数据价值决定新闻价值。

二、数据价值离不开新闻价值

在新闻报道，尤其是复杂的数据新闻报道当中，通过大数据技术对大量的数据信息进行分析处理之后，形成的分析报告还需要经过专业的数据分析人员和新闻从业人员进行加工，才能形成数据新闻。单纯的数据分析报告只具有数据价值，但是因为没有经过新闻媒介的加工，不具有新闻价值，因此不能成为数据新闻，不能用于新闻传播。

例如，以新闻媒体对残疾人奥运会的报道为例，通过大数据技术，可以分析残疾人奥运会的参赛国家及人物、比赛场馆建设情况、各国对残疾人奥运会的报道数量等各项数据，形成不同的数据分析报告，但是这些报告只是数据分析的简单结果，并不具有新闻价值，因此不能算作新闻稿。只有数据分析人员和新闻从业人员对报告进行处理，加入媒体的主观思考和理论分析，并运用合适的呈现方式、适合受众接受的媒介语言，最终才形成具有新闻价值的新闻稿。

以上文的残奥会报道为例，在数据分析报告的基础上，新闻编辑人员通过对比不同国家对残奥会的关注状况，可以写出一篇关于“各国对残疾人体育事业重视程度”的新闻；或者编辑通过分析残奥会的场馆建设情况，可以写出一篇关于“通过场馆建设，分析社会对残疾人的人性化关怀”的新闻。可见，相同的数据分析报告，通过加入不同的主观思考和理论分析，可以写出不同角度的新闻稿，数据价值才能得到体现，因此，数据价值离不开新闻价值。

第三章　数据新闻的媒体类型

加拿大学者麦克卢汉在讲述传播媒介在人类社会发展中的地位和作用时提出"媒介即讯息"，指出媒介本身才是真正有意义的讯息，媒介最重要的作用在于"影响了我们理解和思考的习惯"。从新闻信息载体的演变，我们可以看出新的媒体的出现对新闻业带来的影响与变革。数据新闻是在大数据时代背景下产生的，技术的不断发展和智能手机的日趋普及，使数据新闻的载体也由报纸、广播、电视、等媒体向网络、手机等新媒体演变。

第一节　报纸类数据新闻

当前，国内报纸在数据新闻方面也有不少成功的案例，但相较国外媒体，在内容的深度和数据的丰富度上有一定差距。下面结合《卫报》《纽约时报》《华盛顿邮报》等代表性媒体的数据新闻报道，学习借鉴国外报纸的经验与方法。

一、成立数字新闻部并将数据可视化

2009 年 3 月，英国《卫报》成为全球第一个成立数字新闻部的报纸。《卫报》的数字新闻部针对新闻选题搜集分析海量数据，在收集、过滤、分析数据后，通过图表、地图或互动效果图等形式进行数据可视化转化，从而完成视觉化新闻叙事过程，如图 3-1、图 3-2、图 3-3 所示。《卫报》专业记者利用政府公开数据，做出《2012 伦敦奥运会数据图表》《你快乐吗?》《BBC 是如何开支的》《英国人死亡的原因》《中国人每年有多长时间度假》等大量高质量的视觉图表新闻。这些可视化的图示以简洁明了的方式，让读者快捷、轻松地了解信息。自 2010 年下半年以来，这种视觉化新闻叙事形式受到欧美媒体广泛关注。

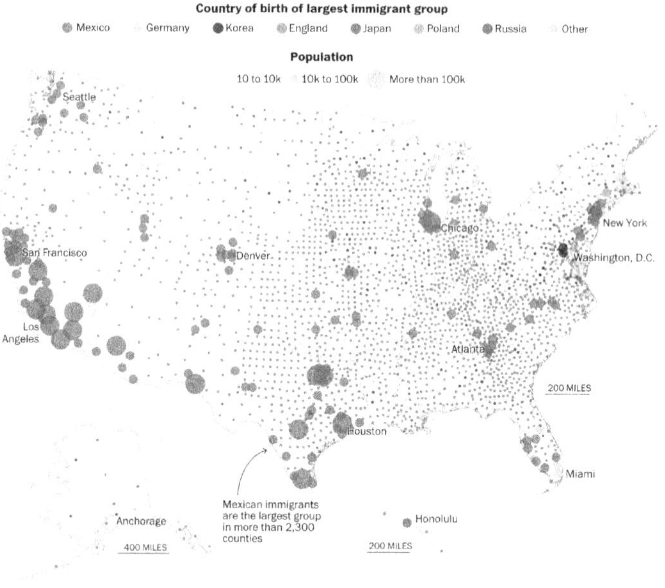

图 3-1 《华盛顿邮报》的报道《美国各区域的移民情况》①

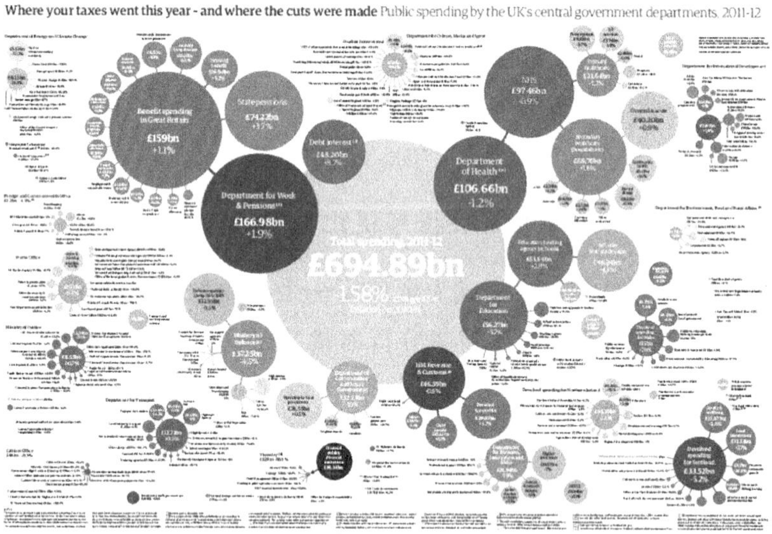

图 3-2 《卫报》的报道《一张图看懂财政开支》②

① 华盛顿邮报. 美国各区域的移民情况[N/OL]. https://www.washingtonpost.com.

② 卫报.一张图看懂财政开支[N/OL].http://www.theguardian.com/news/datablog/2012/dec/04/government-spending-department-2011-12.

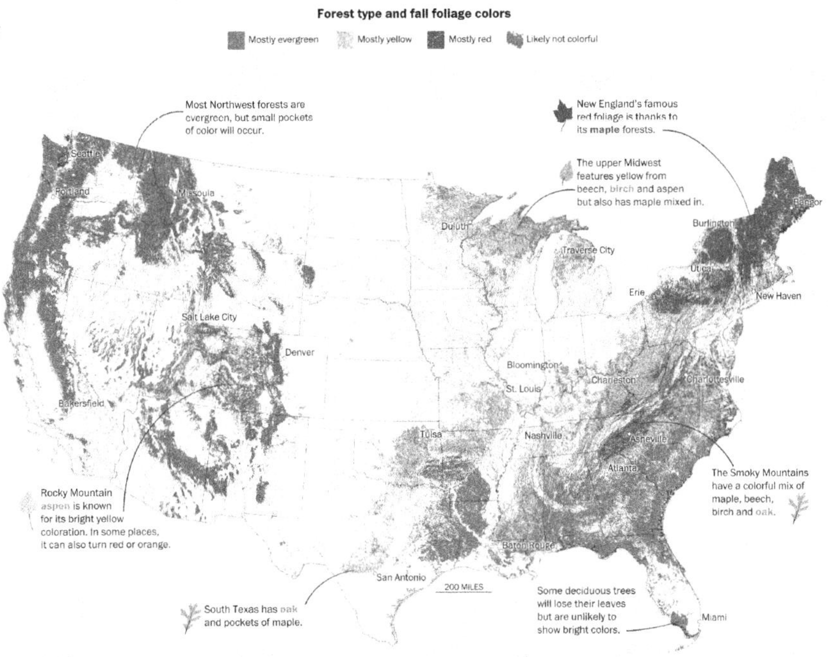

图 3-3　《华盛顿邮报》的报道《美国秋叶观赏指南》①

二、数据团队的视觉人员构建

报纸在将信息转换成可视化的新闻图表时，需要有新闻素养、技术素养与艺术素养的人员协力合作。欧美知名报纸通常拥有一个得力的视觉团队，一个相对完整的视觉团队大致包括选题策划、文字摄影摄像、数据编辑、美术设计、电脑制图、版面编辑和网页设计等层面的人员。

英国《卫报》的视觉设计人员分散在采编的各个部门。数据新闻团队则由 5 人组成，其中 Simon Rogers 是数据新闻项目的创立者，编辑“数据博客”和“数据商店”等栏目；John Burn-Murdoch 既是记者，也是数据研究者。其他成员并非全职的数据新闻记者，同时还隶属《卫报》的不同部门，从事其他新闻采编工作。

此外，新闻部的美术编辑共有 5 人，其中 3 人负责当天的新闻版面设计，还有

① 华盛顿邮报. 美国秋叶观赏指南［N/OL］. https://www.washingtonpost.com/graphics/2019/national/fall-foliage-atlas/.

1人负责为之后的版面做设计，也就是提前设计。其他部门也有设计师，其中体育部2人，专题部3人，还有一些不固定的设计师会做一些副刊和其他一些设计。《卫报》还有一个由6人组成的图表设计部，其中4人是做报纸和网站的图表设计，另外2人做互动图表。

英国《泰晤士报》的采编人员一共约420人，其中新视觉新闻团队34人。这个团队的工作重心是运用视觉元素对时事新闻进行分析阐释，一般不直接表现新闻事件本身。团队的核心成员有3人，分别是数据记者、信息编辑和内容设计编辑，另有效果展现程序员1人、数据挖掘员1人和设计人员29人。

相比而言，国内报纸视觉团队的视觉产品生产与内部团队设置不匹配，视觉团队的分工不精、人员配备不齐，尤其缺少数据编辑和电脑制图编辑这样的岗位设置。有的报社甚至缩减专业的视觉工作人员，让非专业人员来做视觉专业的工作。

三、可视化数据新闻的团队合作模式

新闻叙事的可视化操作，一般都是通过团队合作完成的。以比较常规的图表新闻为例，各报纸在做以图表为基础的数据采集模式上各有不同。在欧美知名报纸中，有的视觉部门在制作图表新闻时，数据基本依靠新闻部门的一线记者采集，也有的视觉部门依靠自身力量独立完成图表新闻的全流程工作。

《泰晤士报》新视觉新闻团的3位核心成员的工作互相交叉，在讨论与合作中完成工作，工作流程是“定选题—挖掘数据—编辑数据—制图—成稿”。这3位核心成员会视内容不同而邀请文字记者合作参与，由团队中的图表设计人员与合作记者共同完成最后的视觉产品。

《纽约时报》的图表中心则是自行收集数据，并不仰赖文字记者。大约20%的《纽约时报》图表中心人员具备统计软件与数据库工具的操作能力，有能力独立收集数据并分析加工成图表新闻。如果数据很复杂，则由数据中心协助。

相比之下，某些报纸在部门间缺乏有效的横向管理，部门和部门之间沟通消耗大。视觉部门和新闻部门之间如何进行有效沟通，成为很多报纸出品优秀视觉化新闻报道的主要障碍。某些情况下，视觉人员很难前期介入并参与报纸核心内容策划，使视觉化新闻叙事变得有心无力。

重新审视视觉化传播手段在未来报业发展中的地位和作用，转变以文字为主的传统传播思路，不可避免将触及媒体内部资源分配、媒体机构设置专业化、视觉设计人员专业分工细化、内部运作流程调整等问题，需要报纸针对视觉战略进行系统化布局。

第二节 广播类数据新闻

近年来，我国新闻界也开始了数据新闻的尝试，从《中国经营报》的数据新闻实践到央视的“据说”系列、“数说命运共同体”再到新华网的“数据新闻”等，数据新闻成为报纸、电视和网络媒体的宠儿。广播电台虽然也开始了数据新闻的尝试，但都集中在网站、客户端、微信公众平台，中央人民广播电台《经济之声》2014 年推出的“图说”就是在网站上的试验。在以纸质媒体为代表的传统媒体衰落的今天，广播因车载广播的存在而发展形势良好。虽然广播电台经营压力不大，但是也要不断进行新闻业务探索，始终与时俱进，保持内容竞争力，因此，广播电台也应开始数据新闻的尝试，通过良好的平台传播优秀的内容，从而提高自身竞争力，打造广播节目的品牌。

一、数据新闻在广播节目中的应用困境

数据新闻鲜少出现在广播节目中，是因为广播节目运用数据新闻的难度很大，这是由数据新闻可视化的特点和广播以声音传播内容、转瞬即逝的特点决定的。

(一)可视化的困境

可视化(Visualization)是利用计算机图形学和图像处理技术，将数据转换成图形或图像在屏幕上显示出来，并进行交互处理的理论、方法和技术。在广播节目中，数据根本无法直接转变为图像和图形，更不可能实现目前被逐渐应用的动态可视化的要求。

而可视化在报纸、电视、网络中却极易实现。在广播节目中，如果不能实现可视化的呈现，基于海量数据的数据新闻就很难做到通俗易懂，如果在广播节目中对数据不加筛选，直接运用，在造成新闻内容枯燥的同时，也给广播听众带来理解上的困难。

(二)收听的困境

在传统媒体遭遇经营危机的时候，广播仍然保持较大的市场份额，这在很大程度上得益于车载广播的发展。虽然目前广播发展情况良好，但是由于以声音传播内容、转瞬即逝的特点，也使广播很难在内容上实现突破。

数据新闻相对于数字新闻而言，包含的数据更多，如果广播节目不加改造地直接使用包含海量数据的数据新闻，则可能面临收听危机。澎湃新闻“美术课”2017 年 2 月 6 日发表的《数说“一号文件”的粮食大背景：高产量、高库存、高出口》涉及 6 年来我国粮食进口量、出口量的数十个数据。如果将类似数据新闻直接搬到广播节目中，会将听众引入还未理解上一个数据，就已经讲述下一个数据的收听

困境。

二、数据新闻在广播节目中的应用路径

目前，数据新闻在广播节目中应用面临巨大困难是不可掩饰的事实，但是这并不代表广播节目中完全不能使用数据新闻，只要转变数据新闻生产的思维模式，增强数据新闻相关性，实现动态可听化，数据新闻同样可以为广播节目所用。

(一)转变数据新闻生产的思维模式

虽然可视化丰富了数据新闻的表现形式，目前，大多数数据新闻都使用图表、地图、可参与的程序丰富数据新闻的表现形式，但是应该认识到，可视化只是数据新闻的手段，并不是数据新闻的必须要素。数据新闻的本质是基于海量数据所生产的新闻，可视化呈现只是为了方便数据新闻的解读。

英国《卫报》的数据记者和该报网站数据博客的编辑西蒙·罗杰斯认为，数据新闻并不拘泥于可视化，也可以以一个新闻故事的形式呈现，甚至仅仅展示数据。数据新闻运用新的新闻叙事形式，如何运用形式是灵活和富有弹性的。数据新闻以大数据为驱动，但是在呈现时并不是简单的数据罗列，受众更倾向于数据背后的原因、数据的影响及与自身的关系。因此，可视化并不是数据新闻的唯一表现形式，广播电台在生产数据新闻时，要转变思维模式，舍去可视化的呈现方式，发掘广播的声音优势，将可视化呈现转换为可听化呈现。

(二)增强数据新闻相关性

广播节目在运用数据新闻时要增强相关性，将大量的数据转换为与受众息息相关的生活情景。不可否认，目前H5作品更能提高相关性，2017年“两会”期间，火爆网络的“2017两会，李克强邀你加入群聊”是最有力的证明。虽然广播在数据新闻制作中具有先天不足，但是可以通过增强数据相关性进行弥补。

首先，要找到核心数据，加强对核心数据的解读。理论上讲，数据越多，结果的正确率就越高，但是在广播节目中，不可能实现对所有数据的呈现，因此要提取核心数据，重点揭示核心数据的意义。但是这并不代表对其他数据的忽视，正确的逻辑是通过对海量数据的抓取、分析，获得正确结论，在正确结论的基础上加强核心数据的解读。

其次，要增强故事性，将数据新闻中的数字转换为听众容易接受的故事。例如，将工资增长幅度转化为每个人增加多少工资。数据新闻实现了宏观叙事，在广播中，进行宏观叙事的同时更要注重微观叙事。

最后，要重视相关性，实现数据价值的转换。对受众而言，数据新闻的意义并不在于数据的呈现，通过数据的分析找到相关性并进行预测才是受众真正关心的。

正如记者大卫·麦克坎德莱斯所说的，“数据正变得越来越重要，这并不是因为数据的量大，而是我们拥有了工具和能力去分析数据，找出模式、结构并揭示”，因此，数据新闻在广播节目中要运用相关性的故事化叙述和正确可信的预测弥补可视化呈现的不足。

（三）增强受众参与

可视化、参与性都是数据新闻的表现形式，广播节目在可视化呈现中具有先天弱势，因此要增强受众参与的优势。虽然广播实现受众参与的优势不能与网络媒体相提并论，但是随时可以接听的观众电话为其实现受众参与提供了便利。

首先，通过大数据建好模型，利用听众电话，在广播过程中随时让听众参与，可以是体验式参与、提问式参与、回答式参与和反馈式参与。体验式参与即让听众知道自身与数据存在何种具体联系，又将如何影响自身生活；提问式参与即让听众提出数据新闻中对数据的困惑或其他问题；而回答式参与则是让听众回答听众的问题，将广播数据新闻打造成听众的数据新闻，让听众不仅享有收听权，同时享有回答权，提高听众在广播数据新闻中的地位，增强听众黏合度；而反馈式参与则是侧重效果，需要通过新闻策划实现，例如，在工资增长的广播数据新闻报道中，可以在工资增长的落实过程中，让听众反馈个人工资增长情况及对生活的影响。

其次，提高媒介融合程度。广播受时间的限制，不能满足所有听众表达意见的需求，因此，需要通过微信公众号、新闻客户端等增强受众参与度。但是在广播微信公众号和客户端开发中，要始终坚持声音的主体地位，打造广播与公众号和客户端融合的微广播，同时利用网络平台实现可视化、动态化的数据新闻呈现。

综上所述，虽然数据新闻在广播节目中的运用存在先天弱势，但是只要转变思维模式，挖掘广播优势，数据新闻也可以为广播节目所用。

第三节 电视类数据新闻

大数据时代的到来给传统媒体带来了前所未有的挑战，同时也为传统媒体的变革注入新鲜的血液。数据新闻正在成为新闻生产的全新要素，以网络为代表的新媒体和以报纸为代表的传统媒体都开始了数据新闻的实践。电视作为一种视听媒体，在呈现数据新闻方面具有得天独厚的优势，因此搭上大数据时代的列车，发展电视数据新闻正是电视媒体做出的重要变革。

一、我国电视数据新闻的发展

2014年，电视媒体紧跟数据新闻发展的潮流，开始尝试数据新闻报道。2014年央视与百度合作的“据说春运”系列节目，之后央视还相继制作了如“数说端午”“两会大数据”“数说命运共同体”“据说就业”等系列数据新闻栏目。湖南卫视则是地方卫视中人气和权威性得到认可的代表。“马栏山指数”就是由《湖南卫视新闻联播》所研发的一档软社会调查节目，通过线上与线下调查结合的方式，在专业机构指导下，对社会端倪进行深度调查、对社会现象进行量化分析，为其他电视媒体作出示范，也为学界研究电视数据新闻提供了经典的案例，随后，国内其他电视媒体纷纷效仿。

因为大数据的发展，2013年被冠以“数据元年”的称号，而2014年则被形象地称为中国的“电视数据新闻元年”。电视数据新闻是数据新闻新形式与电视媒体的有机结合，是运用电视媒体的视觉表现手法进行可视化的内容呈现。

【案例】

央视“据说春运”特别节目

早在2014年1月25日，央视晚间新闻就推出了“据说春运”特别节目，这正是通过“大数据”展现36亿人次“大迁徙”的春运“大军”通过海、陆、空三条路线往家赶。过去，要想对这些路线进行统计整理，只能通过铁路部门的购票信息，并且程序复杂、耗费时间精力，最后的效果也是生硬的。央视联合百度，通过分析手机上的定位信息数据，映射出手机用户的迁徙轨迹。因而数亿用户的迁徙轨迹就构成了一张实时变化的动态图，并通过后期的编辑，用不同颜色的动态线条表现春运“大军”回家的路线。央视在“据说春运”中就是把这张动态图呈现在受众眼前，让36亿人次的春运“大军”的回家路线可视化，在新闻报道内容上更精确、更具象、更富有人情味。

二、电视数据新闻报道的类型

电视数据新闻报道的类型主要有以下几种。

①纯粹的表格形式：通过对数据的整合和分析，将数据的分析结果以条形图、柱状图、扇形图等各种统计表格呈现出来，并对分析结果加以说明，分析数据背后表达的新闻事实和新闻价值。

②虚拟动画形式：将电视数据新闻以虚拟的动画形式作为电视新闻报道的主

体，配合数据的解读和背景音乐，增添电视数据新闻报道的趣味性和可看性，更能让受众直观、形象地感受电视数据新闻报道。

③真实场景画面：将新闻报道中涉及的新闻形象和素材搬到受众眼前，配合相应的数据解读，在该种电视数据新闻报道中更具客观性和真实性，增加了电视数据新闻的可信度和与受众的心理接受程度。

电视数据新闻不同于纸质媒体那样，只能进行简单的数字图片交代，而是展示了经过数据分析后所反映出来的对社会某一方面的趋势、动态和结构性的把握。通过挖掘各种有效数据，利用分析工具去挖掘散落在社会文本“碎片”中具有新闻价值的资讯描述和意义表达。传统新闻中数据的采集更多的是通过线人、采访的形态，而大数据方法则提供了一个新的专业工具，帮助大家去挖掘新闻、传播信息，并且由于电视一方面具有固定的、相对稳定的受众群，另一方面，电视在生产制作中可以有更多数据资源、人力资源与财富资源，所以受众比较感兴趣的预测性新闻报道比纸质媒体的报道相对较多，数据新闻在电视报道中给受众带来了新的服务功能。

【案例】

央视“数字五年”

中国共产党第十九次全国代表大会于2017年10月18日至10月24日在北京召开。此次大会在电视新闻的报道中，数据新闻占据了不少比重。央视为全面反映过去5年我们国家经济社会所取得的巨大成就，自2017年10月10日起推出系列报道“数字五年”。在相关报道中，央视选取最新的权威数据，紧紧围绕我国经济、社会、民生、减贫、生态等领域，简明展示了各方面的变化，从数据中挖掘信息。在电视数据新闻的可视化表达方面，央视创新表现形式，通过创意动画、真实画面与虚拟画面生动结合，大大增强了在信息传播上对一系列数字的生动解读，将理性的数字具体化、形象化、故事化，更加直观、清晰地表达出来。

在“数字五年”系列《中国：世界经济的健康引擎》的报道中，冷冰冰的数字在立体动态的图画的配合下，越发显得生动活泼。在说明我国的经济结构发生悄然变化的过程中，巧妙地将条形图、柱状图、饼状图结合在一起。

三、电视数据新闻的特点

电视新闻自诞生之日起就有它独特的价值与优势，声话画同步、现场直播，在大数据时代，电视新闻在传播过程中自然而然要将其融入其中，并且要发挥它独特的作用。由于电视新闻有其特有的传播途径和负载信息的手段，电视新闻在其采、制、排的过程中有以下特点。

（一）结构立体的传播形式

电视的声音与图画形象是同步的这一方式和运动状态就决定了，在传播过程中电视新闻的结构不是线性的，而是立体的。在这一个结构中，声音、画面是密不可分、相互作用的。所以在电视新闻的生产制作中，声音、画面各个要素要紧密结合，将信息更好、更生动地传达给受众。

（二）直观形象的思维

电视形象是直观的形象系统，在这一系统中包含了视觉因素与听觉因素。电视传播将视觉与听觉结合，将两种因素同时存在的原生状态直接呈现在受众面前，并通过视听双通道的结合，给观众直接的认知与感受。

（三）受众的多层次互动

打破传统的、单向的线性模式，大众传媒的重要特征就是受众可以参与其中。这种不同于以往的非线性模式，具有开放性和不确定性，要求传受双方及时互动，增强受众参与传播活动的可能性，从而提高电视新闻的传播效果。

（四）报道多工种配合

电视新闻工作是集体性的工作，每完成一个报道，从选题到播出都需要多工种的配合。一套成熟、规范、高效、严格的报道机制，能够有效地提高电视新闻媒体的反应速度，统筹协调好电视新闻报道的各个层面，才能保证电视新闻播出的可看性。数据新闻是数据驱动的新闻，一个文字、一幅图片、一段视频、一个声音，乃至一个活动、一个事件都是数据。数据新闻由精确新闻发展而来，是计算机辅助报道的进一步提升，数据驱动下的电视新闻报道需要在数据新闻的演变过程中总结理论经验，更好地服务数据新闻在电视报道中的实践。数据新闻通过对数据的挖掘、整理和分析，用可视化的手段将数据背后的价值与信息整编成新闻，是大数据时代背景下重要的新闻报道形态。数据新闻报道能力也将是新闻生产业的核心竞争力。“数据新闻是围绕数据站点和服务展开的生态系统的一部分，它既是工具也是实践的主体，现已成为全球新闻业正在极力建设一项新的事业。”

电视数据新闻的特点主要有工具性、统计性、新闻性、生产流程标准化、新闻行业创新性等特点。工具性就是电视数据新闻一定是依托一定的工具进行生产运作的，需要用到数据采集技术、数据分析技术、数据统计技术、可视化呈现技术，没有技术和工具的辅助，电视数据新闻就没有办法正常进行。统计性就是电视数据新闻是数据驱动的新闻，数据采集过来必须进行科学合理的统计。新闻性就是新闻是对新近发生的事实的报道，在大数据时代，数据可能是最真的，也可能是最假的，因此，电视数据新闻要保证新闻性中的真实性、重要性等特点。生产流程标准化，即电视数据新闻的生产是从数据采集、数据分析、数据表达这样一个生产流程制作出来的，任何电视数据新闻都要经过这样一个生产流程。新闻行业创新性，即数据新闻的发展历史本就不是很久远，电视数据新闻更是作为一个新兴事物，在电视媒体上出现的时间并不长，因此它具有新闻行业创新性，发展和前景具有未知性。

第四节　网络类数据新闻

在大数据的影响不断扩大的前提之下，传统媒体和网络媒体都开始了对数据新闻的探索与实践。传统媒体数据新闻的实践在本书之前的章节中已经谈到很多，但总体来说，目前我国传统媒体对数据新闻报道模式运用较少，相比之下，我国网络媒体则较早开始使用数据新闻报道模式，并且借鉴国外媒体的成功案例，在网站上开设了数据新闻栏目。

一、我国网络类数据新闻主要代表

我国网络媒体的数据新闻主要分布在 3 类领域：第一类是大型综合性门户网站，2012 年之后，我国“四大门户网站”网易、腾讯、新浪、搜狐都开辟了数据新闻栏目，如网易“数读”栏目、腾讯“数据控”栏目、新浪“图解天下”栏目、搜狐“数字之道”栏目；第二类是专业性质的新媒体平台，如财新网，是专注原创财经的新媒体，于 2011 年开设了“数字说”这一数据新闻栏目；第三类是作为数据获取源头的互联网搜索引擎，如百度，作为全球最大的中文搜索引擎，利用数据获取优势呈现了出色的数据新闻。

互联网平台是目前数据新闻实践最成熟的平台，相对于报纸和电视媒体，网络媒体自身的一些特征契合了数据新闻发展的需求，因此，在该平台的实践较为深入、成熟。如图 3-4 所示，为新华网数据新闻栏目的《在北京停车有多难?》①报道，新闻通过可视化元素进行视觉呈现，用户通过移动鼠标点击坐标轴，就能够看到相对应的“摇号申请人”“中签率”“中签人数”，与报纸和电视相比，用户能够参与新闻互动，参与感强，新闻呈现也更生动。

除了四大门户网站外，财新网是现如今国内数据新闻做得较好的另一媒体代表，其在 2013 年 10 月 8 日成立了数据可视化实验室，开创了数据新闻专栏“数字说”。其中，获奖作品包括《青岛中石化管道爆炸事故》《2016 洪水暴至》等。这些

① 新华网. 在北京停车有多难? [EB/OL]. http://fms.news.cn/swf/tcydn_2015_sjxw/index.html#page5.

图 3-4 《在北京停车有多难?》

作品分别荣获亚洲出版业协会(SOPA)“2014 年度卓越新闻奖”以及入围“数据新闻奖”获奖提名名单。

二、财新网“数字说”栏目分析

财新网“数字说”频道①设立于财新传媒创办的财新网之下，定位为“用数据解读新闻，用图表展示新闻，将数据可视化，为用户提供更好的阅读体验”，在国内

① 财新网“数字说”频道，http://datanews.caixin.com/datatopic/.

的数据新闻实践中表现突出。自 2012 年 10 月 25 日上线至今，“数字说”专注于数据新闻制作，保持着较高的发布频率及报道质量，连续五年获得亚洲出版业协会(SOPA)卓越新闻奖，吸引了越来越多的人阅读。“数字说”在数据新闻实践中积累了丰富的经验，得到国内外业界认可，具有重要的研究价值。

财新网“数字说”频道在财新网下设有独立的网页，页面以白色为背景，分隔线为蓝色，左边 2/3 的区域显示常规数据新闻，这类报道以经济类选题为主，平均三四天发布一则，由记者和制图小团队制作，在文字间插入静态数据图表，解读最新的股市行情、房价指数、纳税政策等；右边 1/3 区域是大型数据新闻与可视化作品的集合，这类数据新闻一般是交互式网页，使用到的数据量大，运用的可视化技术更复杂，如图 3-5 所示。

图 3-5　财新网“数字说”栏目分布

(一) 制作模式：故事和数据双驱动

“数字说”的数据新闻从制作模式上可归纳为以数据驱动和以故事驱动两种。

前者是先有了适宜可视化的数据库，在对已有数据进行抓取、清理、分析的基础上，查找资料，采访相关人员，挖掘出数据背后的新闻。例如，《你的城市有多大》这篇报道，“数字说”从滴滴媒体研究院得到全国主要城市出行半径、通勤时间等数据，由此产生了用人们的日常活动范围、城市功能区域分布来侧面反映城市大小的想法，据此，记者采访了几位在北上广工作，家乡在南京、天津等地的人，基于大数据比较任意两个城市的大小。

后者则是先确定了新闻的内容，或想要剖析的问题点，再去查找、整理数据，或是主动采集第一手数据。例如《高校师生关系调查》报道，财新网关注到，近年来发生了几起高校学生自杀事件，起因都是和导师的关系不甚融洽。为了能深入地调研高校师生关系，财新网在 2018 年 4 月发起问卷调查，问卷涉及帮老师做“私事”的时间频率、学生是否有心理困扰、给师生关系打分等问题。截至当年 5 月底，共收到 384 份有效问卷，通过对回收数据的分析，制作数据图表，再引申到国外高校的治理历程、下一步国内将如何改进等，整篇报道数据翔实，对现象的剖析层层深入，发人深省。

（二）报道的题材内容：关注热点话题，解读社会现象

1. 选题覆盖面广，贴近性强

“数字说”数据新闻选题多与社会中最新的引起大众关注的事件有关，贴近人们的生活。

例如，“数字说”一篇题为《中国新冠肺炎境外输入已 130 例，他们都从哪儿来?》①的报道，2020 年 2 月 26 日宁夏确诊首例新冠肺炎境外输入病例，至 3 月 16 日 14 时，中国已累计确诊 130 例境外输入病例，通过数据的抓取、挖掘、分析和可视化的手段，“数字说”将这 130 例新冠肺炎境外输入病例的来源国数据进行呈现（如图 3-6 所示）。

这篇数据新闻通过不同大小的圆圈，对新冠肺炎境外输入病例的来源国进行呈现，圆圈越大，则该国境外输入病例越多，并且根据输入病例的多少，用不同粗细的线段连接输入到我国的地点。我们从图 3-6 中就可以清晰地知道伊朗和意大利是境外输入病例最多的来源国，分别达到 47 例和 39 例。该报道中再结合文字解释为什么这些国家会成为我国境外病例输入较多的国家，原来有 37 例伊朗输入病例属于 2020 年 3 月 4 日和 3 月 5 日乘坐包机，从伊朗德黑兰出发降落到我国兰州中川国际机场的入境人员，而俄罗斯莫斯科、阿联酋阿布扎比和法国是境外输入病例最多的中转地。

财新网“数字说”在新冠肺炎疫情的报道中表现可圈可点。其从 2020 年 1 月 29 日起推出每日疫情分析简报。每日简报通过数据可视化手段对新冠疫情的相关数据进行呈现与分析。在对数据进行分析与总结的同时，还通过折线图以及柱状图的形式进行数据的可视化呈现，其中包括我国新增确诊病例情况、湖北各市新增确诊病例、感染新冠病毒重症和死亡病例占比、各地区病死率、各地区确诊与疑似人数比

① 财新网“数字说”. 中国新冠肺炎境外输入已 130 例，他们都从哪儿来?［EB/OL］. https://www.douban.com/group/topic/167993941/.

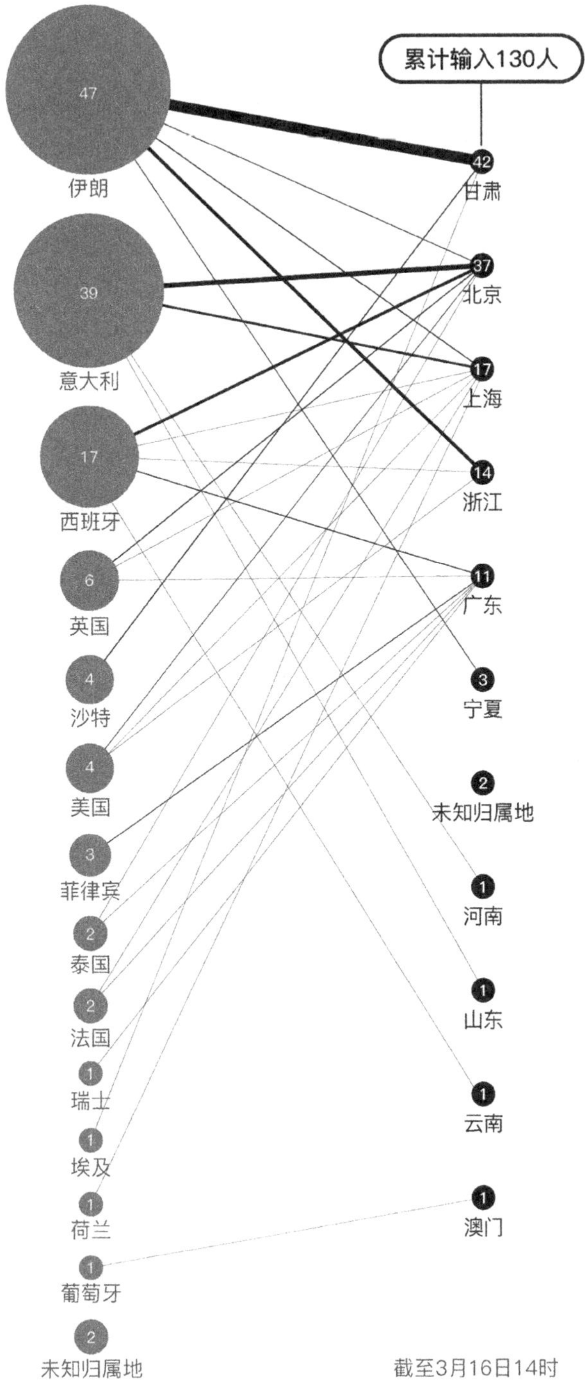

图 3-6 《中国新冠肺炎境外输入已 130 例，他们都从哪儿来?》

例差距、全球(中国除外)累计确诊病例等多项数据。

2. 强调国际视野

从对具体案例的研究中可发现,“数字说”里的数据新闻常常先介绍国内与选题相关的基本情况,再将全球形势与我国对比,从时空上的比较中发掘我国存在的不足,提出可尝试的改进方法。

例如,《中国的博物馆 300000∶1》报道,在中、美两国地图上用亮点标注博物馆的位置,通过地图、条形图、词云图,对比两国博物馆人均覆盖率、分布格局、名称、营收等方面的差异,展望今后中国博物馆的发展趋势。

3. 特别策划设立“纪念日”板块

“数字说”频道中特别设立了一个独立的板块——“纪念日”。

新闻讲求时效性,但在互联网和移动社交高速发展的今天,在众声喧哗下,舆论关注的重点不断转变,真正有价值、能推动社会进步的新闻常常被淹没在繁杂冗余的信息中。“纪念日”板块正是为了改变这种新闻被遗忘的局面而设立的。

在“纪念日”板块中,人们可点击卷轴状日历上的日期,跳转到对应的新闻,了解该事件发生的背景、最新进展、财新网相关的视频文章等,并可发表评论参与讨论。截至 2019 年 1 月 31 日,“纪念日”板块共报道了 187 个事件。

(三)报道的叙事结构:倒金字塔式结构,突出重点

“数字说”里的数据新闻应该说都是深度报道,但却常采取消息报道的倒金字塔式结构,来突出事件的重点。为了在短时间内提供给用户最新鲜、最重要的信息,抓住用户的注意力,记者一般会在第一段用几句话简要地概括新发生的事实或事件的最新进展,在后面的段落中逐步介绍事件的起因、发展过程、带来的影响及背景资料。以《美国政府结束最长一次停摆 损失有多大?》为例,这篇报道在第一段便点明了主体、时间、事件,以突出此次政府停摆造成的影响。

(四)报道的数据:来源多,使用规范

“数字说”里的报道,数据来源种类多。梳理“数字说”中大型数据新闻的数据来源,基本可将它们划分为 7 类:①财新网报道,如财新《新世纪》周刊文章;②除财新网外其他媒体公开报道,如新华社、《人民日报》的报道;③政府部门数据库,如国家统计局、教育部;④国际机构/组织数据库,如联合国、世界银行;⑤研究院、学者研究文章/书目,如中国指数研究院;⑥专业团体数据库,如 ORCID;⑦企业数据库,如凯度、滴滴出行。

(五)数据的呈现:极具可读性

1. 让抽象的数据具象化

数据新闻制作者能搜集到的数据往往都是原始的、没有结构化的,这些数据本身很烦琐、枯燥，为了让用户能更好地接受和了解，“数字说”的编辑们会对数据进行一定的处理，将它们和生活中常见的事物联系起来，使枯燥、偏技术性的数据具象化。

例如，《我们有多缺水?》①报道中用水杯中的蓝色颗粒表示用水量，白色滴水表示地表水资源，在一张大图上展示全国各省份的人均水资源量，凸显严重缺水的地区。“水杯”这一元素贴近人们的生活，让读者产生联想，对水资源短缺问题有更直观、深刻的认知。

2. 综合运用多种视觉元素

“数字说”的常规数据新闻因时效性的要求，制作时间短，基本以静态信息图表或 GIF 动图的形式呈现。大型的数据新闻则有较长的策划制作周期，互动性强，呈现形式更复杂。

在这些数据新闻中，编辑们会结合不同的选题和数据集灵活地选择数据图表类型，将要用大段文字才能解释清楚的复杂逻辑简化，提炼出要点，综合运用多种数据图表，如折线图、散点图、地图、时间轴、词云图、社会网络关系图等。

同时，“数字说”还会尽可能让一篇数据新闻里的视觉元素在颜色、风格上保持协调统一，根据不同的选题选择相应的主色调，优化视觉效果。例如，《失稳的“亚洲水塔”》用的是与海洋颜色相近的深蓝色，其中的地图、流程图、柱形图都是从蓝色系中取色；再如，《水平面下的阿尔茨海默病》选择了接近血液颜色的暗红色，报道中表示重点的文本、数据、图形都用暗红色标注，加以强调。

(六)报道的传播：与用户充分互动

“数字说”非常重视用户的需求，为了提高用户的使用体验，设计了许多交互效果。例如，鼠标滑到散点图中的每个小点时，显示出这个点代表的具体信息；几张图表随着鼠标滚动切换播放；点击选项进入不同的故事线等。此外，还可通过嵌入 javascript 命令，让用户填写表单，计算选项值得出结果。以《快来生成你的最佳缴税方案》②为例，网页上加入了一个个税计算器，用户可参照自己和家庭的情况，在问卷中输入数据，填写完毕后点击“计算”按钮，网页后台便会根据编写好的程序算出用户需要缴纳的税款，如图 3-7 所示。这个设计让用户主动地参与到报道中，通过亲身体验，快速理解新修订的《个人所得税法》的详细条例，比单纯用大段文字阐述要有趣得多。

---

① 财新网“数字说”. 我们有多缺水?［EB/OL］. http://file.caixin.com/datanews_mobile/interactive/2018/water_resources/.

② 财新网“数字说”. 快来生成你的最佳缴税方案［EB/OL］. http://datanews.caixin.com/interactive/2019/tax-deduction/.

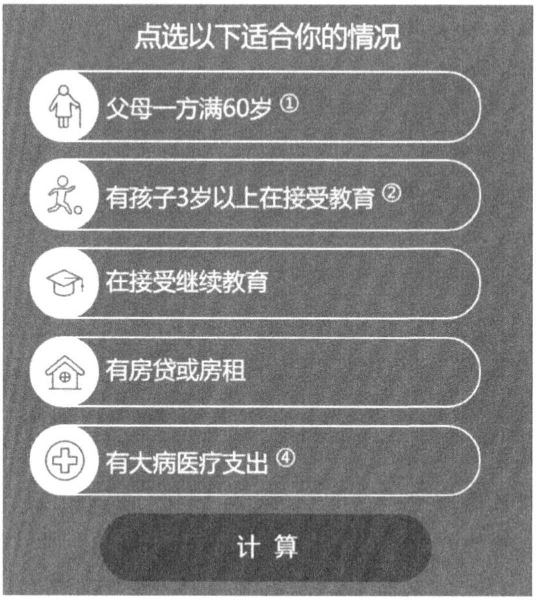

图 3-7 《快来生成你的最佳缴税方案》截图

第五节 移动端数据新闻

伴随移动互联网的发展、智能手机的普及，手机作为一种大众传播媒介，表现出很强的新闻传播特性，用手机上网成为人们获得新闻资讯的最重要渠道，手机新闻客户端已经成为人们获取、阅读新闻信息的主要渠道，数据新闻可视化作为数据新闻的呈现形式与载体，也不断地以新的形式在手机新闻客户端上予以呈现。从报纸、电视、网络再到手机，技术的不断进步、新媒介的不断涌现推动数据新闻的不断尝试与发展，也推进新闻业的转型与变革，手机媒体所具有的独特属性是数据新闻载体一再演变的基础。

一、手机新闻客户端数据新闻可视化类型

(一)静态呈现类

静态呈现类主要代表是静态信息图。信息图是对各种信息进行形象化、可视化加工的一种方式，是目前数据新闻使用最多的可视化类型，这类图以静态化形式呈现，是将数据进行可视化操作处理后的信息图片，通过单向静态方式向受众传递新

闻信息，这种类型的可视化形式非常多变，制作相对简单，设计元素丰富，适用平台广，能够融入设计者的创意，提升可视化的趣味性，不仅广泛出现于互联网、手机移动端，还常常应用于纸质媒体。如图 3-8 所示，是静态信息图的常见表现形式。

图 3-8 《2019 年全国两会网络传播大数据报告分布》静态图表

这种静态的视觉传播形式主要注重对外在表现的感官刺激，追求表现形式的简洁形象，通过制作鲜明、突出、简洁且高度概括性的信息图片，将视觉元素的组构与受众的认知结构、审美规律相匹配，刺激受众视神经，使信息反射于大脑中，给人“一目了然”的感觉。

①静态数据地图。这是将大数据与地图相结合的呈现形式，以静态新闻图为主，对新闻事件在空间范围内的变化的可视化呈现，常用于空间跨度较大的地区、国家等主题的新闻。网易“数读”出品的《国际制裁：越来越流行的非武力对抗方式》，将统计数据与地图相结合，以静态为表现方式，能够直观地通过地图表达每个地区的具体情况，展现指标间的内在联系。

②静态时间轴。时间轴主要为具有时间属性的数据服务，例如，搜狐“数字之道”报道的《说好的承诺呢》。时间轴常用于时间跨度较大，有较多关键节点的新闻，通过对新闻事件或新闻主题中关键时间节点的梳理与呈现，使受众能够清楚地了解事情的来龙去脉和发展脉络。

（二）动态呈现类

①平面动态图。平面交互图主要是在平面图像的基础上增加了动态呈现效果，

如动态元素、展示动画等，受众在进入界面时，能够看见图片上的某些元素是动态的，有些图片还加入了文字进行内容信息的展示。与静态信息图相比，平面动态图虽然是单向动态，但是加入了动态元素后提升了新闻的生动性、趣味性与形象性，此外，动态元素加强了信息表达，能够刺激读者视觉，加深记忆。新浪“图解新闻”用平面动态图的形式展现了深圳山体滑坡地 10 年来的变化，在进入新闻界面时，中间的描述文字与下图的三维地图能够同时变化，直观形象地展示山体滑坡地的 10 年变化。

②双向互动图。这类可视化的代表主要是 H5。H5 是 HTML5 的简称，即 HTML 协议的第 5 个版本，HTML 是用来呈现网页的语言。H5 有分享方便、学习成本和开发成本低的优势。目前，H5 已经成为数据新闻可视化形式之一，并常见于新闻客户端，相对于单向动态图，H5 的优势在于用户能够对内容进行主动操作，动手滑动屏幕进行滑动翻页等操作，加强了用户阅读新闻时的参与感，缺点在于受网络的限制，容易出现加载缓慢、卡顿的现象，产生不好的用户体验。此外，动态数据地图、动态时间轴等形式也往往以 H5 的方式进行呈现。如澎湃新闻的清明专题，进入界面就能够看见下雨的动画，营造出“清明时节雨纷纷”的情景感，且用户能够滑动页面，观看下一界面的信息内容。

③小游戏。手机交互类型属于双向传播模式，在手机媒体上主要表现为信息内容展示，用户进行选择、输入操作，手机呈现相应信息内容，受众不仅可以看到信息内容，还能对感兴趣的内容进行个性化互动。在互动的过程中进行信息的传播，这种形式增强了受众与信息之间的交流过程，与静态的信息呈现相比，这种类型更加生动，更容易带给受众“沉浸式”的观看体验，从而提升传播效果，就视觉呈现而言，这种类型的视觉符号设计更加复杂，不仅需要使信息内容与视觉符号有效统一，还要满足受众的信息接受习惯，此外，还需要进行视觉表达上的创新。以新华炫闻的“2015 热点话题我画你猜”为例，在进入页面后，有信息提示引导受众参与信息互动，在视觉设计上用手指的视觉符号引导受众进行手指操作，非常形象。整个互动过程由受众点击填字完成，即根据屏幕上展示的图片猜相应的词汇，通过填字的过程让受众对 2015 年的热门话题进行了解。整个设计思路是一个互动小游戏，受众在参与过程中会不自觉地产生“沉浸”，这是一般的静态信息图无法达到的效果。然而该类型对信息内容的要求也较高，多用于带有娱乐性、休闲性的信息内容，一般的新闻信息难以适用此种类型。

二、手机新闻客户端数据新闻可视化传播特点

手机新闻客户端数据新闻可视化由于传播媒介——手机媒体有自身特殊的传播

属性，因此，手机新闻客户端数据新闻可视化相较于其他媒体上的数据新闻可视化有着共性，也有不同的个性特点。

（一）信息传播超时空性

能够随时随地不受限制地浏览新闻、传播新闻是手机媒体的典型特征，手机媒体的便携性、移动性赋予了新闻实时开放的特性，数据新闻也不例外，人们可以在任何时间、任何地点阅读新闻，把自己认为有价值的新闻实时分享到社交网络与朋友互相交流。

一方面，数据新闻"一张图"的形式相比传统新闻的大量文字能够更加节约阅读成本与分享成本，同时，图像阅读能力是人类普遍具有的能力，这种阅读中"看"的形式，主要依赖的是视觉器官，这就使数据新闻有了更广的传播性，只要是生活在社会中的人，就能自然而然地认知和现实生活非常接近的图像符号，而不需要靠后天专门的学习和训练来掌握，任何人都能够"看"懂视觉信息；另一方面，人们接受新闻信息不受时间、地点的限制，随时随地能够拿出手机阅读数据新闻，这一点是由手机媒体的独有特性所决定的，这种开放与实时特性是数据新闻的又一优势，它契合当下人们的阅读需求，也为新闻的转型发展探索了另一种可能。

（二）信息传播高效性

一方面，数据新闻通常以图像为表现形式，使得人们在阅读时可直接通过"眼睛"调动自身的感性经验和视知觉思维，能够使受者易读、易感。我们生活的世界就是通过眼睛"看"到的一幅幅图像传递到大脑，并印记在我们的脑海中。图像的阅读将事物表面的直观形象展现出来，不用上升到抽象思维，就能获得"一目了然"的效果。根据双重编码理论，与阅读文字相比，图像阅读能带来更为强烈和敏感的视觉刺激，让人们在更短的时间内，对特定信息做出更全面、立体的反馈，记忆也更加深刻。在这个生活、工作节奏愈加快速的社会，数据新闻的出现满足了人们在"短时间"内快速获取有价值新闻的需求，使人们能够在"碎片化"的时间里尽可能多且高效地获取知识信息，并能够方便、快捷地进行传播分享，这是数据新闻可视化本身所具有的高效率属性。

另一方面，从手机特性来看，高效意味着快速的触达。手机新闻客户端的提醒、推送行为能够使数据新闻低成本且高效地并且不限时间、地点地传递给受众。信息的主动推送增大了受众获取数据新闻的可能性。不同于报纸、电视、网络，受众进行的信息获取行为多是主动的，当其有信息获取需求时才会对信息进行关注、阅读，手机的属性赋予了信息主动传播的可能，受众的接受行为可以是被动的，其在受众不经意间将信息呈现在受众面前，受众阅读的可能性也大大增加。信息的主动推送提升了信息传播的高效性。

三、手机媒体数据新闻可视化传播意义

随着移动互联网技术的发展，手机媒体赋予了数据新闻探索更多发展空间的可能性，开放与隐私、大众传播与个性表达、单向传播与双向互动的矛盾因为手机媒体与数据新闻的结合而有了更多的碰撞，其传播意义主要体现在以下几方面。

（一）在碎片化时代，产生高效、愉悦的新闻阅读体验

首先，传统新闻多是以文字叙述为主要呈现形式，然而靠文字的转述不能够完全代替人们在“看”时获得的感性经验。视觉信息可以分为3类：第一类是直接的，是眼睛从现实世界中直接获取的；第二类是间接的，是通过媒介间接转述的图像化的视觉信息；第三类是大脑里虚构的视觉信息。从此分类可以看出，目前，受众从数据新闻获取的视觉信息是间接的，不同于人们眼睛直接看到的现实场景信息，是由媒体进行加工所呈现的图像化视觉信息，与传统文字相比，图像化的视觉信息符合人们快速获得信息的需求，更感性化、具象化，也更易传播。数据新闻的出现让人们从获取抽象性、逻辑性的文字信息到转而获取感性、具象的图像化信息，这种视觉信息有利于吸引读者的注意力。人们在阅读的过程中，易读性与受众的费力程度成反比，在当下快节奏、浅阅读的时代，与密密麻麻的文字相比，受众更喜欢读图，数据可视化的方式新颖别致，内容形象生动，相比文字信息更具视觉冲击力与吸引力，手机又能够赋予新闻多媒体的整合、趣味性的表达，有利于读者轻松愉悦地进行阅读。

其次，“读图时代”的来临与移动互联网的加速发展，人们的阅读方式已经发生改变，碎片化阅读成为主流，人们的阅读时间被多样化信息所分割，注意力被分散，从深度、理性阅读到浅短、感性式阅读，什么样的信息能够满足受众快速、高效、简明的阅读需求，就能把握传播主动权。数据新闻重塑着人们阅读新闻的方式，它适应受众理性认知和感性认知整合的需求，跳出理性表达的固有模式，在以理性的数据为基础的前提下，运用生动感性的图像化形式为人们讲故事，手机的作用使受众即时、精准、“一目了然”地获取对自己有价值的新闻信息成为可能，这为具有不同背景、知识经验的人提供了一个高效获取信息的方式。

（二）“直接交互”，提升受众参与感

目前，交互、动态的可视化方式在网络端已有探索，表现为数据新闻能够动态展示，受众进行简单的动态操作就能与之互动，更进一步表现为受众能够参与到新闻当中，实现实时交互。目前，随着html、Javascript和标签的进步，移动端的数据新闻有着与网络端不同的特点：一是数据地图，通过手机定位将新闻内容与读者地理位置联系起来，通过展现新闻主题与受众自身的联系来进行实时互动，提供知

识信息或社会服务；二是 H5 的形式，将新闻制作成 H5 进行传播，这种形式包含了多媒体内容。手机的特性则赋予了受众“参与感”的更多可能，受众“点击”“触摸”“滑动”“缩放”等手指操作行为，让阅读数据新闻不仅仅是“看”的动作，而是可听、可触、可感，这种交互不同于网络端大多数利用鼠标这一工具进行的“间接交互”，而是受众的“直接交互”，更容易增强受众的感知，提升参与感，也容易产生沉浸感。虽然移动端的数据新闻还处于尝试阶段，但是其直观、趣味、简洁的表达方式已初见效果，移动端的数据新闻开始成为一个重要的入口，越来越多的手机数据新闻将会出现。

第四章　数据获取

数据新闻的制作首先要保证有丰富的数据资源，自然而然的，数据获取就成为整个数据新闻报道的基本流程中最重要的一个环节。斯坦福大学教授吉奥夫·麦克金认为，优秀的数据可视化不在于新闻报道所承载的数据是不是多，而在于所获取的数据质量是不是高。对于数据新闻来说，数据是其核心，新闻从业者最大的障碍可能就是数据的获取比较困难。

第一节　常见的数据获取途径

一、网络公共资源

根据百度百科的定义，“百度指数是以百度海量网民行为数据为基础的数据分享平台，是当前互联网乃至整个数据时代最重要的统计分析平台之一，自发布之日便成为众多企业营销决策的重要依据。百度指数能够告诉用户：某个关键词在百度的搜索规模有多大，一段时间内的涨跌态势以及相关的新闻舆论变化，关注这些词的网民是什么样的，分布在哪里，同时还搜了哪些相关的词，帮助用户优化数字营销活动方案”①。

百度指数能够使普通大众成为一名高级的数据分析师。在数据收集的过程中，如果你想了解某个社会话题的热度、社会大众的关注点、在某个区域的受欢迎程度、大众对话题的其他需求以及对此话题的舆情分析，都可以通过百度指数来了解。但是百度指数是有局限性的，百度指数虽然能够提供多种精炼的数据，但是这种数据指数是相对的，是两个话题的数据对比值，不是绝对值，这就需要在提取数据的过程中进行转换。比如，输入“爸爸去哪儿 北京爱情故事”，就可以得到两组搜索数据随时间变化的关系图标，如图 4-1 所示。百度指数还提供多种选项提炼数

---

① 百度百科．“百度指数”词条［EB/OL］．https://baike.baidu.com/item/百度指数/106226?fr=aladdin,2017-12-06/2021-1-23.

据，可以限定地理位置和时间参数。

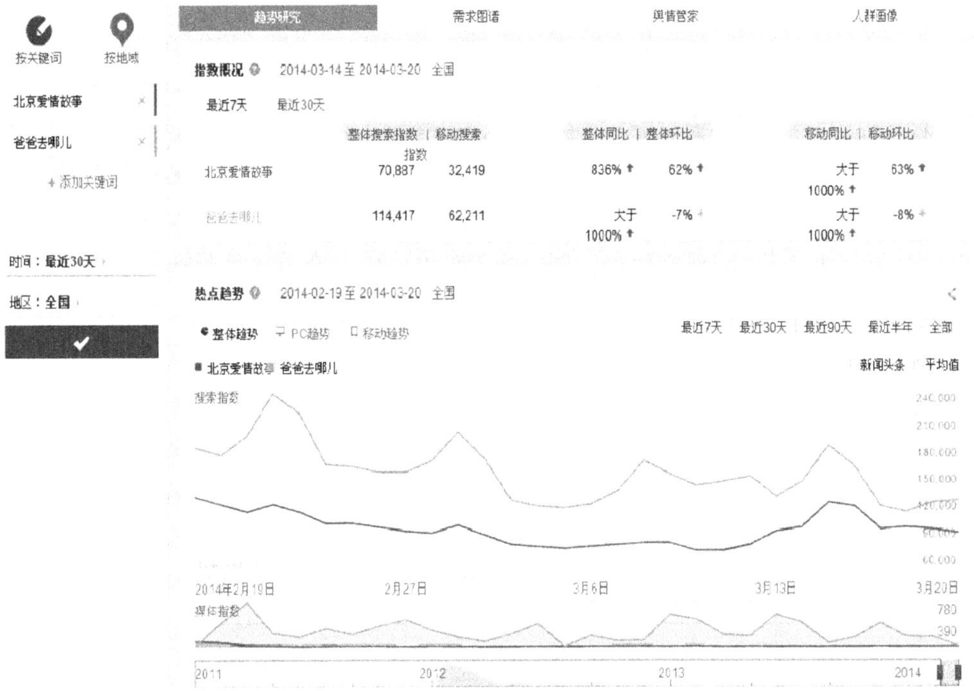

图 4-1　百度指数示例图

网络视频指数：现在的在线视频网站由于嫁接在互联网上，这就拥有了很多优势，可以利用网站注册用户的数据在后台观察每名观众的观看习惯，这些可能使得网络视频不仅仅是一个提供视频的网站，而是成为一个综合利用、整合用户数据的网站。

在观看爱奇艺网站上的视频的时候，我们会发现在界面上新增了“滤镜”按钮。“滤镜”以网站平台为基础，综合分析用户在观看视频的过程中的各种行为所产生的数据，观看行为有快进、快退、重复观看等操作，在分析这些数据之后可以发现广大用户的喜好，并将通过数据分析得出的精彩内容抽离出来。大约 90 分钟的综艺节目，我们可以在短短 30 分钟内就可以观看完毕，并且获得良好的观看体验，不错过一个精彩的镜头。这就是在大数据时代，网络视频网站给我们推出的网络视频指数。

无独有偶，继爱奇艺推出大数据相关功能之后，优酷也加入大数据的浪潮，优酷通过一款名为“协同过滤推荐”的技术，使优酷指数进化成“中国网络视频指数”，“中国网络视频指数”在分析用户的观看行为所产生的数据的基础上，不仅可以向用户推荐喜欢的内容，还可以在优酷这个用户群体中找到和用户“你”类似的用户。类似用户就是和“你”具有同样的观看视频喜好、观看的视频内容大致一致的群体。综合分析这个庞大的类似用户群体的评价和喜恶，形成对用户“你”的喜恶程度的预测，进而向“你”推荐一些视频内容。在对某个社会热点问题进行数据新闻报道的时候，可以从优酷“中国网络视频指数”中获取相关的数据信息，包括用户的关注热点、对此热点关注的用户的分布区域、用户对这个热点的评价等，这些都可以作为数据新闻报道的数据资料来源。例如，查看优酷“中国网络视频指数”中《爸爸去哪儿》的视频指数，如图 4-2 所示，可以查看该节目一周、一月、一季度、半年、一年甚至全部的播放数据信息。

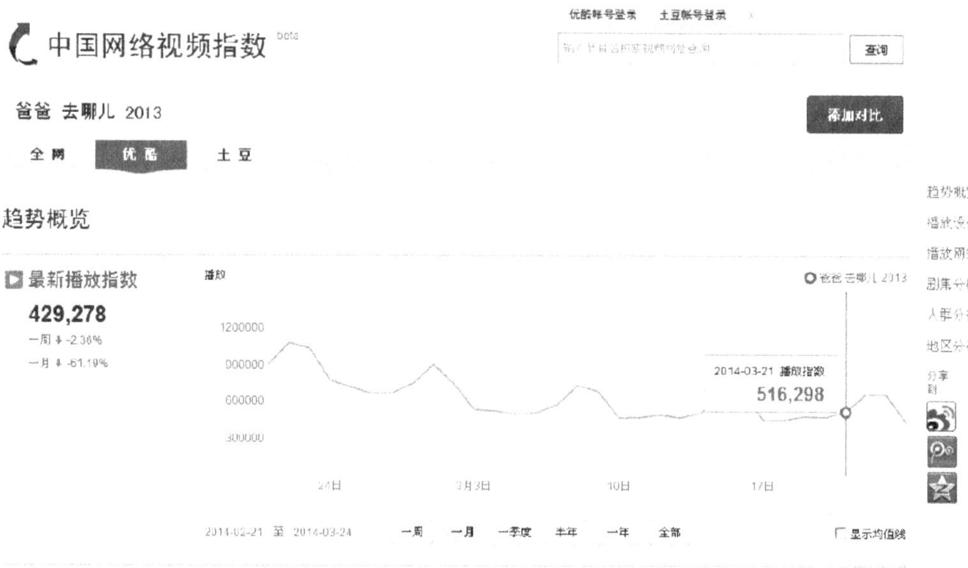

图 4-2 优酷“中国网站视频指数”

无论是爱奇艺推出的“滤镜”视频编辑功能，还是优酷采用的“协同过滤推荐”的技术，都为我们在收集数据的过程中提供了丰富、真实的数据来源，这也为我们前期的数据新闻制作提供了充足的数据保障。

二、政府组织官方机构平台及其网站

近年来，很多国家都朝着透明政府发展，越来越多的信息被披露出来，很多数据可以免费共享，这给制作者搜集数据带来很大的便利。2009 年，奥巴马政府成立数据在线门户网站 Data. gov；2010 年，英国也创建了开放数据网站 Data. gov. uk；2014 年 5 月，包括美国、法国、英国、印度尼西亚、巴西、墨西哥等国家，全球已有 64 个国家加入开放政府合作伙伴，通过这些在线网站可以搜集到国外的数据信息，包括中华人民共和国国家统计局、英国国家统计局（ONS）、澳大利亚统计局（ABS）等政府部门，以及欧盟（European Commission）、经济合作与发展组织（OCED）等政府间组织发布的官方数据。

比如，财新网做的一个可视化数据新闻作品《三公消费龙虎榜》。关于三公消费，数据量非常丰富，各中央单位的三公消费数据在官方网站均有公布。公开数据库查询到的数据本身具有权威性，是数据来源的重要渠道。

（一）国际官方机构平台

制作数据新闻时，常会涉及国外相关数据，如何获取国外数据，有以下较为常用的免费数据库。

1. 世界银行数据

在世界银行的公开数据库（http://data. worldbank. org. cn/）中，公众可以免费并公开地获取世界各国的发展数据，涉及世界各国政治、教育等各方面发展指标。且数据来源于各国官方统计局以及各国组织，具有较高的权威性。进入世界银行数据网站，可以按照国家、指标、专题和数据目录获取数据，如图 4-3 所示。

图 4-3　世界银行数据网站

2. 世界卫生组织

世界卫生组织（http://www. who. int/zh/）统计数据来自多种渠道，涉及多种收集数据方法，包括住户调查、卫生服务部门定期报告、民事登记和普查以及疾病监测系统等。组织在估算国家数据时采用的分析方法提高了数据质量，并确保以透明方式进行必要调整，以增强不同国家和不同时期数据的可比性。(在采用同样和类似方法并使用标准定义的情况下，针对类似人口和时段获得的数据具有可比性)目前，世界卫生组织收到 100 个成员国的死因统计数据。全球每年死亡人数总共为 5600 万人，其中 2/3(即 3800 万人)的死亡病例未登记。世界卫生组织通过全球卫生观察站网络门户以及负责提供大量疾病和卫生指标的统计数据库，公布其数据和分析结果。

全球卫生观察站的数据储存库包含范围广泛的指标清单，可按主题或通过多方查询功能进行选择。该储存库是世界卫生组织的主要卫生统计数据储存库。在网站中，浏览或下载数据库目前为英文版本。例如，在国家层面检索加拿大数据总览，可浏览 2002 年至今的加拿大各项卫生医学方面的指标。数据浏览，如图 4-4 所示。

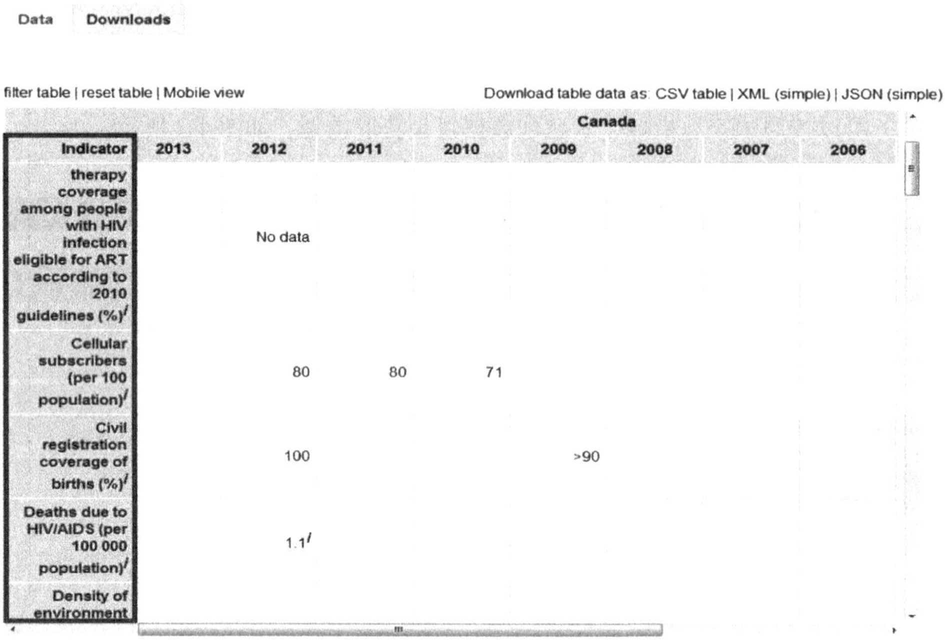

Indicator	2013	2012	2011	2010	2009	2008	2007	2006
therapy coverage among people with HIV infection eligible for ART according to 2010 guidelines (%)		No data						
Cellular subscribers (per 100 population)		80	80	71				
Civil registration coverage of births (%)		100			>90			
Deaths due to HIV/AIDS (per 100 000 population)		1.1						
Density of environment								

图 4-4 全球卫生观察站的数据储存库

3. 经济合作与发展组织

经济合作与发展组织(http://www.oecd.org/)汇编的统计数据涵盖 34 个成员国及选择的其他一些国家，既有这些国家的年度数据和历史数据，也包括主要经济指标数据，如经济产出、就业和通货膨胀等。这些信息可以从一系列统计数据出版物和相关数据库中得到。统计工作是经济合作与发展组织整个分析工作的基础，其准确性和时效性对经济合作与发展组织的声誉至关重要。经济合作与发展组织不仅收集和发布统计数据，而且还与其成员国和其他国际组织合作开发国际性的标准，以改进统计工作的质量和统计数据的可比性。

经济合作与发展组织的工作主要经过数据收集、数据分析、讨论、决议、实施建议、多国监督六个步骤。它所公布的数据具有准确性，预测各成员国经济发展趋势。数据新闻工作者可通过其所公布的数据及预测趋势，找寻所需要的数据信息。经济合作与发展组织有相关出版物，发布宏观发展前景、年度概述和统计数据。在经济合作与发展组织的官网中检索数据，首先需进入经济合作与发展组织官方网站数据专栏页面，在数据页面可以按照主题或者国家分类方式检索。

（二）国内官方数据平台

在我国，以人民主权为本源、以知情权为基础发展起来的政府信息公开有着悠久的发展历史，已成为现代政府的一项法定义务，也成为现代国家民主与法制是否健全的重要标准之一。2007 年国务院颁发的《中华人民共和国政府信息公开条例》为推动我国政府信息公开提供了明确方向与操作规范，特别是随着 2009 年以后“开放数据”运动在全球范围内迅速兴起，我国政府明显加快了政府数据开放的进程，包括中央政府主导的政府数据网络公开平台——“国家数据”（http://data. stats. gov. cn/），以及地方政府主导的政府数据网络信息公开平台，如“上海市政府数据服务网”（http://www. datashanghai. gov. cn/home！ toHome Page. action）。

目前，有相当一部分国家政府部门的网站会有权威数据发布，容易查询、获取，如生态环境部数据中心、国家统计局、中国天气网、中国地震台网等。前两者提供权威数据的发布，后两者甚至提供可视化的分析图表。近年来，这些官方网站上也开辟了数据分析部门的专栏，比如中国天气网的气象数据可视化工作室，开设了“数据会说话”专栏，用可视化的手段将整理的特定数据分享出来，吸引了不少网友，并且相当一部分作品很有趣味，也更有价值。如《30 秒看完中国 64 年气温变化历程北方比南方变暖明显》①，也是可供教学讲解的案例佳作。

【案例】

30 秒动画展示近 64 年中国气温变化：总体呈变暖趋势

中国天气网用气候大数据利用动画图像直观展示了近 64 年来我国气温变

① 北京日报. 30 秒动画展示近 64 年中国气温变化：总体呈变暖趋势［N/OL］. https://www.culture.people.com.cn/n/2015/1209/c172318-27905482.html.

化的历程。

其采用的数据来自中国气象局汇集的气温数据，计算每年各地的年平均气温相对于当地1951—1980年30年平均气温的偏差，绿色表示偏差值为负，越偏绿说明当年越偏冷；红色表示偏差值为正，越偏红说明当年越偏热。

从动图中可以直观看出，1951年以来，我国气候总体明显呈现变暖的趋势，尤其是20世纪80年代以来，气温偏高的情况更为显著。特别是1998年、2006年、2007年，是近64年来年平均气温最高的年份。

相对而言，北方地区的东北、西北、华北等地气候变暖的趋势比南方地区更为明显。气温升高比较突出的是黑龙江、内蒙古、新疆等地。

随着“政务”走向透明化、“公开”渐成常态化，“公开是惯例，不公开是例外”成为政府部门未来数据公开的方向。我国数据新闻采编中遇到的最大难题就是缺少公开数据，特别是体量庞大的大数据。未来我国数据新闻采编人员应该树立开放数据观念和大数据意识，以《中华人民共和国政府信息公开条例》、国务院《政府信息公开工作要点》等政策文件为依据，在保证国家信息安全和公民个人隐私前提下，通过学界专家深入研究和业界记者编辑不断努力，厘清当前可以直接利用的政府开放数据资源、通过申请可以公开的政府开放数据资源，未来应该争取公开的政府开放数据资源。媒体既是政府开放数据资源的受益者，同时也应该发挥守望社会的“哨兵”职责，推动政府数据公开进程不断深入，以下面两个国内官方数据平台为例。

1. 中华人民共和国国家统计局

国家统计数据库(http://data.stats.gov.cn/)，是国内较为全面的资源数据库，其中包括翔实的月度、季度、年度数据以及普查、地区、部门、国际数据，内容涉及经济、社会、民生等方方面面，提供多种文件输出、制表、绘图、指标解释、表格转置、可视化图表、数据地理信息系统等多种功能。数据新闻工作者在国家统计数据库中找寻有需要与价值的数据信息往往会一头雾水，在这里，将针对国家统计数据库的主要功能进行介绍，望能提供帮助。统计库中主要有简单查询、高级查询最常用的两大功能，如图4-5所示。

简单查询：完整输入指标、地区、时间检索词，如(GDP 北京 2014)；数据查询，在【指标栏】中选择想要查询的指标分类，在右侧【结果栏】中显示分类下所有指标的数据，用户可以按时间进行筛选。

2. 中央纪委国家监察委员会网站

数据新闻兴起，从现如今的数据新闻作品，有大部分作品有这样一个流行趋势，三公消费榜、中央纪委巡视风暴等关于政治的选题。在文字报道中关于政治问题很少涉及。相关数据使受众无暇了解政治背后的问题。数据新闻的出现使得人们开始响应政府，关注政治中的腐败问题。中央纪委国家监察委员会网站：http://www.ccdi.gov.cn/。

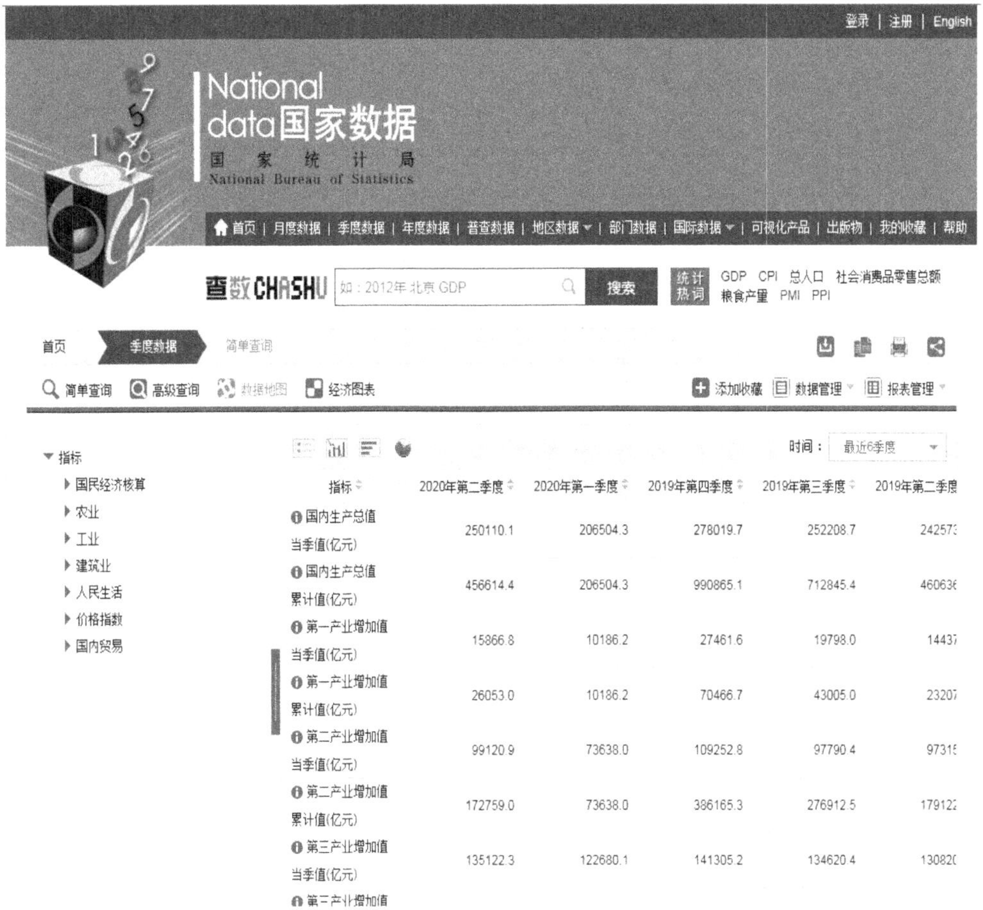

指标	2020年第二季度	2020年第一季度	2019年第四季度	2019年第三季度	2019年第二季度
国内生产总值当季值(亿元)	250110.1	206504.3	278019.7	252208.7	24257[illegible]
国内生产总值累计值(亿元)	456614.4	206504.3	990865.1	712845.4	46063[illegible]
第一产业增加值当季值(亿元)	15866.8	10186.2	27461.6	19798.0	1443[illegible]
第一产业增加值累计值(亿元)	26053.0	10186.2	70466.7	43005.0	2320[illegible]
第二产业增加值当季值(亿元)	99120.9	73638.0	109252.8	97790.4	9731[illegible]
第二产业增加值累计值(亿元)	172759.0	73638.0	386165.3	276912.5	17912[illegible]
第三产业增加值当季值(亿元)	135122.3	122680.1	141305.2	134620.4	13082[illegible]
第三产业增加值					

图 4-5　中国国家统计局指标栏与结果栏页面

【案例】

《三公消费龙虎榜》：数说“三公消费数据”

财新网的《三公消费龙虎榜》①报道以历届政府部门公布的“三公消费数据”为基础，对数据予以可视化展示，并根据政府每年公布的数据进行逐年更

① 财新网. 三公消费龙虎榜[EB/OL]. http://datanews.caixin.com/2013/songong/.

新，达到长期跟踪报道并监督三公消费的目的，显示数据新闻的公共性，如图4-6所示。

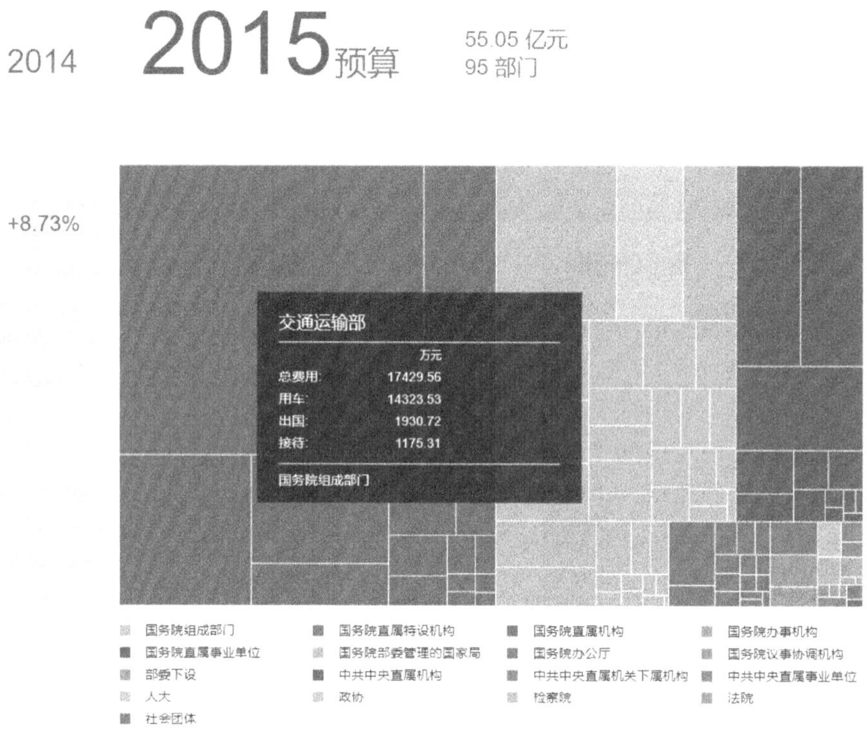

图 4-6 三公消费龙虎榜

(1) 数据来源

2014年，中央行政事业单位96个部门三公经费实际支出58.8亿元，2015年95个部门预算经费55.05亿元。三公消费数据量非常丰富，各中央单位的三公消费数据在官方网站均有公布，财新网可视化数据新闻实验室以此为作品选题。这个作品中搜集的三公消费数据是以中央数据为准，没有包含地方数据，因为中央数据比较齐全，地方数据不齐全。在这个作品中，全部数据都是经由人工采集完成。为了保证数据的准确性，各种经费的数据都是编辑输入Excel表格后，再通过代码去做分析计算。近年来，三公消费是我们经常提的事情，三公究竟包含哪些方面？三公和民生存在什么样的关系？这个作品的目的不是用数据去讲故事，而是借助数据去陈述客观事实，尤其是一些隐藏在数据下面很容易被我们忽略的事实。

(2)作品设计

该作品分为6个部分：概况、费用榜、比例榜、人均榜、大趋势。三公概况部分通过一个交互式的板块图，把中央各单位的三公消费的大致情况呈现出来，最多几个部门突出呈现，其在用车、出国、接待的具体费用也都能看到。数据包括2010—2015年的预算，从中大致可以读出，这5年来，至少中央这一级三公消费的比例还是在渐渐压缩的，2013—2014年支出就减少了17.67%，并且预算费用也逐年减少。费用榜就是关于机关单位三公消费的具体支出情况。通过三种颜色代表三公组成的各部分环形图，可以分时间来查看每年的具体情况。但是具体的费用读者查看起来比较枯燥，其中有些部分比较接近，还需要读者仔细阅读数据进行比较。其中的比例榜可以帮助读者一目了然地看清究竟哪些部分在三公上支出最多。比例榜就是利用饼状图来说明这个问题，透过图表可以看到，在出国支出项上，商务部、国家体育总局比例最高。在接待方面，宋庆龄基金会、对外友好协会比例大。国家机关事务管理局在用车上比例较高。读图的同时，读者就可以思考，为什么这个部分在这个方面支出比例高？作品看似只是在陈述事实，其中隐含的故事却是很值得思考的。考虑到假如不做平均的话，只看总量不见得准确，所以又采用交互式的柱状图做了平均榜单。看车辆购养，依然是国家机关事务管理局最高，这当然和部门职能有关。另外，人均出国费用最高的是国家信访局，考虑到信访局的部门职能，这应该属于特殊情况。从这个角度看，从简单的数据整理中又能发现新闻的新闻点，数据新闻的新闻价值凸显。最后一个部分就是关于三公基本知识的讲解。整个关于三公消费的话题就通过6个部分的可视化数据新闻呈现出来。

(3)互动设计

这个作品充分体现了数据新闻的开放性特征，因为每年都有新鲜的数据出炉。当数据完整并且一直能够更新的时候，不仅可以通过数据的呈现形式让受众对许多信息一目了然，还可以把数据进行分类整理，综合运用不同的手段把各类数据组进行纵向深入、对比，这样对于新闻事实某一层面的事实可以发现得更为深入和具体。对比中特殊存在总是会有特殊的理由，而这或许就是下一个新闻点所在。

(4)传播效果

此作品入围英国“信息之美——信息可视化设计大赛”。重要的是，参加国际大赛的首要目的是能在更广阔的视野中认识到不足，才能不断地逼迫自己不断提高。

(5)作品特色

从中可以看出，数据新闻的设计呈现是遵循一定的叙事逻辑的，并不是大量图表的胡乱堆砌。究竟是什么样的逻辑呢？从这个作品中我看到的是数据应该能够让读者越看越明白，层层递进，透过数据让读者更清晰地了解新闻事件。另外，对这样的新闻话题，数据应该是最佳的呈现方式，数据是可查询且绝对客观的，在这个过程中，作者并不会预设结论或是截取片段来以偏概全。让数据来向读者讲述事实究竟是什么，让读者自己去发掘数据之间的可能关系。在这个作品中，数据组的选择权是由读者掌控的，利用可视化给读者提供对数据筛选的最大便捷，可以发现数据新闻其实也是很有意思的。

此外，作品的数据作为开放性的资源是可供使用的。从中可以看到数据新闻的发展潜力或许还在于它的延展性。如果把它比作一条线段，一端是交互性更强、媒体与用户互动也在增强的传播方式，而另一端则是逐渐完善的数据库内容，可以通过深入的挖掘分析，从而成为调查性新闻的入口或是延展。

三、社交媒体

社交媒体是基于互联网或移动通信的应用，它可以达成用户内容的生产和交换，具有很强的社会性。社交媒体的应用有微博、博客、论坛、SNS、即时通信、社交网站、社交游戏等。人们在社交网站上进行的社会关系的交往、言论的发布等行为，通过社交媒体产生大量信息内容及数据。

在社交网络上，每一名用户都是数据源。每秒都有数以千计的讨论和发言在产生，数据量呈指数级增长。社交网络的飞速发展在很大程度上拓展了信息获取的渠道，同时开拓了更多新闻源。对社交网络上的鲜活数据进行挖掘和分析，可以发现数据背后所隐藏的意义，无论是网络中个体的点，还是作为群体的面，我们都能通过数据分析对其属性做出大致的描画，同时对趋势做出判断。

数据新闻生产者可以充分利用社交网络上的海量数据去发现新闻、获取新闻线索。以国内用户规模最大、活跃频率最高的社交网络新浪微博为例，在这个用户总量达 2.12 亿人次，每日平均活跃用户数为 1 亿人次(2015 年 9 月)的社交平台上，在其高峰期，每分钟就会产生 73 万条微博的发送量。而对当前用户提及次数最多的话题(通常以百万、千万乃至亿级别的讨论量计数)，会以列表的形式在微博信息流页面右侧即时显示，记者可以据此追踪当前的热门事件，产生选题并展开进一步挖掘。此外，还有一些关于社交网络的第三方传播分析工具，也可以为记者解读分析数据提供极大的便利。例如，基于新浪微博的微博传播分析工具“知微”，可以对单条微博的传播路径、关键节点和层级做出非常清晰、生动的可视化展示，其内容分析功能对用户的情感取向亦可做出概要式的分析，数据新闻生产者可以根据情绪指标和高频词汇的挖掘，对当前舆论情况做出准确判断，并从中找出最有价值的信息。

(一)微博

微博(Weibo),即微型博客(Micro Blog)的简称,也是博客的一种,是一种通过关注机制分享简短实时信息的广播式社交网络平台。微博包括新浪微博、腾讯微博、网易微博、搜狐微博等,但若没有特别说明,微博一般指新浪微博。微博是一个基于用户关系信息分享、传播以及获取的平台。用户可以通过 WEB、WAP 等各种客户端组建个人社区,以 140 字(包括标点符号)以内的文字更新信息,并实现即时分享。

2019 年 3 月 15 日,新浪微博数据中心发布《2018 微博用户发展报告》。2018 年第四季度财报显示,微博月活跃用户 4.62 亿人,连续三年增长超过 7000 万人;微博垂直领域数量扩大至 60 个,月阅读量过百亿领域达 32 个。在微博搜索中,可以直观获取某用户的关注、转发、评论、点赞等数据信息。以及某一新闻事件的影响力和影响范围,其中也可查看每日微博热门话题榜以及微博热搜词榜。尤其在突发事件中,微博的影响力更加凸显,微博的发声速度之快是传统的新闻媒体无法比拟的。例如在"马航"事件中,热门话题从最初的"马航飞机失联"到最新的"马航客机失事",在这两个话题中,参与讨论的用户非常多。在"马航飞机失联"话题中,截至 2014 年 4 月 11 日,用户的讨论量达到 84 万次,在"马航客机失事"的话题中,同样截至 2014 年 4 月 11 日,用户的讨论量达到 1351 万次。

(二)微信

微信(WeChat)是腾讯公司于 2011 年 1 月 21 日推出的一个为智能终端提供即时通信服务的免费应用程序,微信支持跨通信运营商、跨操作系统平台,通过网络快速发送免费(需消耗少量网络流量)语音短信、视频、图片和文字,同时,也可以使用通过共享流媒体内容的资料和基于位置的"摇一摇""漂流瓶""朋友圈""公众平台""语音记事本"等社交服务插件。腾讯公布的 2019 年第一季度业绩报告显示:微信的月活跃账户数达 11.12 亿人。

(三)QQ

QQ 是腾讯 QQ 的简称,是腾讯公司开发的一款基于 Internet 的即时通信(IM)软件。目前,QQ 已经覆盖 Microsoft Windows、OSX、Android、iOS、Windows Phone 等多种主流平台。其标志是一只戴着红色围巾的小企鹅。腾讯 QQ 支持在线聊天、视频通话、点对点断点续传文件、共享文件、网络硬盘、自定义面板、QQ 邮箱等多种功能,并可与多种通信终端相连。腾讯 2019 年发布的第一季度财报显示,QQ 月活跃账户数达到 8.23 亿人。

(四)Twitter

Twitter(非官方中文惯称"推特")是一家美国社交网络(Social Network Service)及提供微博客服务的网站,是全球互联网上访问量最大的十个网站之一,由杰克·多西在 2006 年 3 月创办,并在当年 7 月启动。Twitter 是一个广受欢迎的社交网络及提供微博客服务的网站，允许用户将自己的最新动态和想法以移动电话中的短信息形式(推文)发布(发推)，可绑定 IM 即时通信软件。所有的 Twitter 消息都被限制在 140 个字符之内。Twitter 在全世界非常流行，被形容为“互联网的短信服务”。最新统计显示，Twitter 日活用户数为 1.26 亿人。

(五) Facebook

Facebook 是美国一个社交网络服务网站，于 2004 年 2 月 4 日上线，2012 年 3 月 6 日发布 Windows 版的桌面聊天软件 Facebook Messenger(飞书信)。Facebook 的主要创始人为美国人马克·扎克伯格。Facebook 是世界排名领先的照片分享站点。2018 年，Facebook 的月活跃用户数达到 23.2 亿人。

(六) Instagram

Instagram(照片墙)是一款运行在移动端上的社交应用，以一种快速、美妙和有趣的方式将用户随时抓拍的图片彼此分享。Instagram 拥有 3 亿用户，每天用户发出的照片和视频超过 7000 万个。53%的 18~29 岁的互联网用户使用 Instagram。

这些社交软件的普及造成了社交平台上的信息和言论量加大。这就为数据新闻报道提高了丰富的信息来源。微博操作简单，获取信息方便。社交媒体上的数据，现在已经成为中国众多公司致力于挖掘的数据信息。

四、搜索引擎

搜索引擎在信息的整合上有着极大的优势，它利用计算机程序把互联网上的信息进行处理和组织，用户可以根据自己的需要输入关键词进行检索。百度与谷歌是目前人们最常用到的搜索引擎。百度基本搜索技巧简单方便，仅需输入查询内容词，按回车键(Enter)，即可得到相关数据信息。在输入多个词语时，需注意不同字词之间用空格(space)隔开，将获得更精确的搜索结果。但数据新闻工作者所需要了解的不仅仅是搜索的基本技巧，也需要掌握搜索引擎中额外的一些便于搜索的特殊指令，称为“搜索引擎高级搜索指令”。这些指令可以帮助快速找出所需要的数据信息。

数据新闻制作者必须要熟练地掌握高级检索的方法，如加号(+)、减号(-)、双引号(“”)、通配符(* 与?)等的应用，才能在搜索引擎中寻找到更多的信息。例如，在关键词前面输入加号，表示该次搜索结果中必须包括该关键词，如在几个关键词前面都添加加号，则表示搜索结果中要同时含有这几个关键词。

尽管有些数据常常不容易找到，但是实际上很多数据库都已经被搜索引擎所收录，不论是否出于发布者的本意。这里有几点建议。

①当搜索数据时，一定要包括与你所要寻找的数据内容相关的搜索术语，以及你所希望的格式或来源的信息。谷歌和其他搜索引擎都允许用户通过文件类型搜索。例如，可以只搜寻电子表格(添加搜索的文件类型：“filetype：XLS filetype：

CSV”)、地理数据(“filetype：shp”)，或数据库提取(“filetype：MDB，filetype：SQL，filetype：DB”)。可能的话，甚至可以查找 PDF 格式文件(文件类型：“pdf”)。

②也可以通过搜索 URL 的一部分。Google 的“inurl：downloads filetype：xls”功能可以帮忙找到所有已经“下载”到在其网络服务器上的 Excel 文件(如果已经找到了单个下载文件，这个搜索关键词往往能帮你在服务器上同一文件夹中找到其他结果)。你还可以限制只在某一个单一的域名中的结果，比如搜索“site：agency. gov”。

③不直接搜索内容，而是搜索可提供批量数据的位置。例如，“site：agency. gov Directory Listing”可以给你一些由服务器生成的容易获得的源文件的列表，如果用“site：agency. gov Database Download”的话，就会为你搜寻人工创建的列表。

④百度的高级搜索。使用“高级搜索”搜索特定内容、特定时间、特定新闻源下的内容是个好方法。加入关键词后的搜索，展示指定特点关键词下的内容。还可以将范围进一步缩小，获得更精细的结果，使用正确的关键词可以有效发掘更精练的内容。运用百度的“高级搜索”，可以对同类新闻或不同时期的相关新闻数据进行归类统计、整合比较，根据数据制作生动的图像、表格，更为深入、立体、多元化地揭示新闻，这是数据新闻来源的最简单的、最省时省力的方法，也是最简单、最粗浅的数据新闻。记者在获取这类新闻数据的过程中无须花费太多精力和时间。

五、非政府组织、研究机构及信息咨询公司

非政府组织的很多数据信息是对外开放的，而且其关注的领域也较多，能够为数据新闻制作者提供丰富的数据，而且这些数据也具有一定的国际性与代表性，对于拓宽新闻报道视角有很大的帮助。诸如国际货币组织、世界卫生组织、农业和发展国际基金、国际记者协会、世界银行等组织。

这些数据都可以免费获得，其往往是某一领域的专业数据，价值较大。一般的研究机构分为高校的研究所和独立的研究机构。信息咨询机构整合了多行业的资源，它们虽然是以盈利为目的，但是也会有大量的数据实现共享。国外著名咨询公司，如麦肯锡管理咨询公司、罗兰·贝格管理咨询公司是专业从事某个领域研究的机构，他们会定期发布一些研究报告，而且现在很多咨询公司等都会公布一些数据信息，如国内的益普索研究咨询公司、北大纵横管理咨询公司、艾瑞咨询公司等会定期公布相关的数据信息。

六、人工自采集数据信息

除了通过外部渠道获得数据信息，数据新闻制作者也可以通过在论坛上发问、电子邮件、网页问卷调查、采访等方式采集数据信息。

(一) 在论坛上发问

如果想要收集某一方面的数据，那么可以在其相关的论坛上提出问题。例如，在 Get The Data 或 Quora 上搜索现成的答案或者提出问题。Get The Data 是一个问答网站，用户可以在上面问数据相关的问题，包括在哪里可以找到有关某一具体问题的数据、如何查询或检索某个特定的数据源、使用什么工具对数据进行可视化探索、如何净化数据或是如何转变成可以使用的格式。

(二) 电子邮件

在互联网时代，电子邮件是使用得较广泛的一种通讯方式，它可以提供文字、声音和图像等多种形式的信息。很多邮件地址都可以轻松地在互联网上找到，因此制作者可以依据感兴趣的主题或者领域与相关人士进行联系，获得信息。

(三) 问卷调查

网民是一个庞大的群体，他们有着不可估量的智慧，产生的信息量也不可小觑。网页问卷调查是一种目的性较强的收集信息的方法，调查者已经确定了调查的问题，被调查者只需如实回答即可。网民群体的庞大，使得问卷调查覆盖的范围比以前更广，所以，调查结果就更具有代表性。通过这种方式搜集的信息，不仅能真实地反映事件的原貌，而且还能够表达民众的心声。现在很多数据新闻都设有调查栏，主要是调查受众对于该事件的看法，通过对调查结果的分析，就能洞察受众的想法，从而为后续报道找到新的报道角度。

媒体实施问卷调查应注意避免一些问题。

1. 带着主观先行的想法做调查设计

媒体在设计调查问卷时不能主观先行，利用抽样或是问题设计上的“陷阱”去主导调查对象的回答，形成自己想要的调查结果。这种做法极可能导致调查结果受到质疑。哈尔滨医科大学“杀医”案后的网站调查实际就是主观先行的设计，其迎合了当下医患纠纷日益紧张背景下部分网民的“仇医”情绪。

2012 年 3 月 23 日，哈尔滨医科大学一名未成年患者持刀砍死一名 27 岁实习医生。随后，在某网站一个由 6161 人参与的调查里，4018 人对此事件表示“高兴”。这项调查结果引发很大争议，很多人认为这项调查结果不能代表国人的普遍意见，有媒体人对此批评道，“我们传媒人恐怕也有责任，在过去很多的事件当中，我们应该就事论事，哪儿有问题就批评什么，而不是在报道当中去有意识地用吸引人眼球的方式确立一种仇恨，甚至鼓励一种仇恨，我觉得从此之后我们应该引以为戒”，这是白岩松在央视“新闻 1+1”栏目 2012 年 3 月 26 日节目《杀医生：我们可能也是“凶手”》中的表态。

【知识拓展】

媒体问卷调查不能不讲逻辑

近日，北京某媒体的记者调查90个孩子过年收到的压岁钱，发现公务员子女的压岁钱高于社会平均水平。这个调查的意图很明显，就是“引导”人们对公务员子女的压岁钱进行腐败联想。这个意图也许并无大错，问题是调查数据不足以佐证——公务员子女的压岁钱只是略高于社会平均水平，这未必与腐败有关。公务员毕竟是一种体面的职业，如果去调查一下媒体从业者的子女、大学教师的子女、科研工作者的子女、白领阶层的子女，他们的压岁钱可能都会高于社会平均水平，这能说明什么呢？何况，调查90个孩子的压岁钱，样本太少，有“盲人摸象”之嫌，而在样本的选择上也很有讲究，“观点先行”的调查往往难保客观全面。

——新浪专栏“观察家”资深时事评论员晏扬

2. 问卷设计的漏洞多

问卷设计是问卷调查的重要一步，如果设计的问题或答案存在漏洞，则很可能误导调查对象，或是难以得到真正有效的调查结果。有时直接提问可能会暴露出调查的目的，从而使问题具有某种暗示性或者指导性，调查对象的答案可能出现主观真实而客观不真实的情况，导致所提的问题没有效度。如在中日两国因钓鱼岛争端而关系紧张时，调查者如果采用“你是否会拒绝购买来自日本的产品”这种直接的提问方式，绝大多数受访者容易受周围舆论的影响，回答“是”。但这一结果并不一定反映市场的真实数据，属于无效的提问。在许多情况下，出于利己心理的影响，受访者会主动选择那些受到主流价值观念肯定的答案选项，而主动屏蔽于己不利的答题选项。例如，针对教师提问：“你认为在教学活动中尊重学生的主体性地位重要吗?”尽管答题选项中有“很重要”“并不重要”“我没有这方面的意识”，但绝大多数调查对象会选择第一个选项，即使在现实中他无法做到。这也是无效的提问。

3. 样本代表性差

样本的选择直接决定了该问卷调查项目的可信度和有效性。目前，不少新闻报道中的问卷调查数据高度依赖在线调查手段。一些新闻媒体与网站或是调查公司联手推出在线调查，并将之作为重要的数据报道来源。正像前面所分析的，在线调查属于非概率抽样，是志愿者抽样，其结果无法用于推断总体情况，只能够用于描述样本的特征。因而媒体在使用在线调查结果作为报道时必须标明其结果只适用于“受访者”，而不是全体网民，更不是所有国人。

4. 报道调查结果的方式不规范

大多数媒体在报道问卷调查结果时通常会写明本次调查一共涉及了多少人，即调查的样本量，但是对于样本的具体分布情况和调查方式往往交代得非常简略，或是干脆删去。实际上，这些指标往往决定了该问卷调查(抽样调查)的可信度和代表性。还有的媒体在引用别的媒体的调查结果时出现错误解读数据、不考虑条件地引用调查结果的现象。

(四)采访

新闻采访是现代新闻实务的重要组成部分，对新闻工作者来说，新闻采访更是其不能忽视的新闻实务环节。现代新闻采访的完成，不仅需要新闻工作者拥有扎实的新闻理论，还要其具有丰富的新闻采访技巧。在新闻采访过程中，新闻记者只有巧妙地运用好新闻采访技巧，才能实现新闻记者与采访对象之间的对话与沟通，才能保证新闻任务高质量地完成。

七、众包模式

众包(Crowd sourcing)是指“一个公司或机构把过去由员工执行的工作任务，以自由自愿的形式外包给非特定的(而且通常是大型的)大众网络的做法。众包的任务通常由个人来承担，但如果涉及需要多人协作完成的任务，也有可能以依靠开源的个体生产的形式出现”。数据新闻生产者在做策划和编辑时，可能会遇到没有数据可用、面对选题无从下手的问题。这个时候完全可以利用众包模式，集合大众的智慧和力量去搜集数据。《南方周末》在2014年春节前的报道《“回乡测水”家乡水，清几许?》，就是利用这一模式，以公益捐赠的方式筹集读者购买水质监测设备，利用外出人员春节假期返乡的时间，测量家乡水质并将数据提交至水质分布地图(water. epmap. org)，为众筹结果提供一个可视化的呈现界面。虽然最终提交的数据并不够多，但从获取数据成本和所需人力角度考虑，通过众筹来获取水质数据已是完胜传统的调查研究方法。众包模式数据获取方式特别适用于可以激发公众兴趣、易调动公众参与感的选题，这样可以让受众自发地搜集处理数据，群策群力完成整个报道。正如《卫报》编辑阿兰·卢斯布里杰所说：“受众参与报道对未来报纸的发展具有决定性意义，因为一家报社如果不利用新媒体技术将自己与读者联系起来，必定会错失创新发展的机会。”

【案例】

《“回乡测水”家乡水，清几许?》

数据来自《南方周末》与创绿中心联合开展的“回乡测水”行动之饮用水部分，有效样本为35个。数据主要由比色得出，因个人感官差异，或有误差。数据仅供参考，不具有法律效力。检测项目包括酸碱度、硬度、余氯、硝酸盐、亚硝酸盐、铅和细菌，除图中所列和一个点位的铅值之外，其他均为达标。

2014 年春节前，《南方周末》与环保组织创绿中心联合发起了"回乡测水"行动。而在此前的 2013 年，数家非政府组织已发起民间自测水质的浪潮。面对种种质疑和阻力，各家非政府组织遭遇了不同的命运。

2014 年春节，从黑龙江到海南岛，从南水北调的水源地上游到东线工程的微山湖，从甘肃农村的地窖到上海浦东的水龙头；从农民工到大学生，从医生到环保工作人员——这些担忧水质的人参加了《南方周末》联合环保组织创绿中心发起的"回乡测水"活动。共有 192 位志愿者报名，提交了来自 20 个省份的 35 组饮用水、12 组地表水数据。

"回乡测水"活动使用的测水包由创绿中心开发。"我们在农村的调研中发现，需要快速有效地了解当地的水质信息。购买一些快速检测工具后，我们积累了丰富的使用经验。"创绿中心工作人员何珊说。

测水包括饮用水和地表水两种。其中地表水测水包的指标包括 pH 值、氨氮、总磷、高锰酸钾指数、铜等。饮用水指标包括 pH 值、硬度、余氯、硝酸盐、亚硝酸盐、铅、细菌。对于这些指标，中国疾控中心环境与健康相关产品安全所研究员鄂学礼认为，可以满足民间测水的需求。

2013 年 8 月，环保组织曙光环保和一家企业合作，也开展了长沙、株洲、湘潭三市的水质检测，共收到水样 438 份，对 166 份具有代表性水样进行了检测。"所有送水的人都是对水不放心，"组织者刘曙说，"有个人说'我孙子才五岁，不能喝有毒的水'。"

曙光环保的测水活动是"中国水安全计划"的活动之一，这个计划由媒体人邓飞等人在 2013 年 4 月联合发起，冯永锋也是发起人之一，他说测水是计划的重要组成，湖南的曙光环保和天津的绿领环保将分别成为"中国民间饮用水检测中心"和"污水检测中心"，以承担民间环保组织对于检测的需求。

一些公司也加入了测水的行列。2014 年春节，阿里巴巴组织了员工回乡测水活动。"我们一开始以为只有 100 多人参加，最后居然有 700 多人报名。"阿里巴巴社会责任部的郑玥说。

【知识扩展】

国内数据获取常用的一些渠道

一、城市交通

(一)高德交通

高德交通提供全国 100 个城市的交通实时数据，提供非常酷炫、直观的数据可视化呈现，并定期提供专题分析报告与研究。

(二)北京城市实验室

由龙瀛博士首创，致力于定量城市研究的学术网络，提供微观视角下的中国城市空间量化研究。

(三)北京大学轨迹可视化

由北京大学可视化与可视分析研究组创建，通过位置采样记录物体的移动，进行城市交通密度绘制、拥堵分析以及不同交通模式的关联分析、移动行为以及语意分析等工作，在城市交通 GPS 轨迹数据、减少交通事故和拥堵等领域发挥作用。

(四)城市 CAD 地图数据

提供全球 200 多个城市精美的绘图文件，帮助城市规划设计人员节省大量制图、绘图的时间。其要求有 AutoCAD、SketchUp 8+、Illustrator、Rhinoceros 5+软件。

(五)深圳市道路交通运行指数。

深圳交通运输局旗下网站，是对深圳路网交通总体运行状况进行定量化评估的综合性指标，与传统的车速、流量等参数相比，具有直观、简单的特点，让人们更能清楚地了解堵到何种程度。

二、社会经济

(一)国家统计局

国家权威数据发布平台，提供所有国民经济、社会、民生数据，同时发布最新的统计政策、会议、统计标准等信息。

(二)国家数据

国家统计局子网站。你想了解的中国所有权威数据几乎都能在上面找到，涵盖工业、能源、价格、投资、地产、消费、交通运输、采购、财政、金融等数据，提供月度、季度、年鉴等多各维度数据，并包含数据可视化的图表走势对比分析。

(三)世界银行公开数据

世界银行公开数据罗列 7000 多个指标，包括贫困与不平等、人口、环境、经济、国家与市场等数据。用户可以免费使用和分享数据，还可以按照国家、指标、专题和数据目录浏览并下载数据，并供支持 Excel、CSV、API、ACCESS 等不同格式导出。

(四)前瞻数据库

前瞻数据库拥有 16 年的细分产业大数据积累，提供中国宏观、区域宏观、全球宏观、行业经济、进出口、上市公司等数据。

（五）中经网统计数据库

中经网统计数据库是由国家信息中心中经网凭借与国家发改委、国家统计局、海关总署、各行业主管部门以及其他政府部门经过长期数据积累形成的经济统计数据库群，内容涵盖宏观经济、行业经济、区域经济以及世界经济等各个领域。

（六）中经网产业数据库

中经网产业数据库是国家信息中心中经网组建的专业从事经济数据资源开发和服务的机构，网站提供24个产业数据以及经济综合数据。

（七）"一带一路"统计数据库

"一带一路"统计数据库设置了沿线各国和地区的特色经济统计数据，涵盖经济、农业、工业、环境、资源、贸易、投资等十几个领域。

三、股票金融

（一）新浪财经

新浪财经是一个创建于1999年8月的财经平台，提供全球财经实时数据，内容专业且丰富。

（二）东方财富网

东方财富网2004年3月上线，网站内容涉及财经、股票、基金、期货、债券、外汇、银行、保险等诸多金融资讯与财经信息，全面覆盖财经领域，每日更新上万条最新数据及资讯，为用户提供便利的查询服务。

（三）中财网数据引擎

中财网数据引擎是非常强大齐全的金融数据引擎，免费提供股票、基金、债券、外汇、理财等行情数据以及其他资料。

四、投融资

（一）IT桔子

IT桔子是关注IT互联网行业的结构化的公司数据库和商业信息服务提供商，提供风险投资、收购、竞争情报、细分行业信息、国外公司产品信息数据服务等。

（二）投资界

投资界是清科集团旗下提供行业丰富数据及深入分析的专业化网站，提供投融资方面比较详细的数据。

五、互联网金融

（一）网贷之家

网贷之家是第三方网贷资讯平台，于2011年10月上线。网贷之家披露各互联网金融点对点借贷平台最新交易数据、转型及停业、问题平台、网贷行业等数据。

(二)网贷天眼

国内网贷行业较为权威的第三方机构，同样披露各互联网金融点对点借贷平台最新数据、行业数据、停业及问题平台、研究报告、行业政策等信息数据。

六、生态环境

(一)国家生态环境部数据中心

国家生态环境部数据中心是国家生态环境部旗下提供数据服务的机构，其提供包括环境质量、生态环境、污染源、环境管理业务等十大类数据信息，同时，还提供专题数据、数据分析、以及应用程度接口(API)等服务。

(二)PM2.5in

PM2.5in是提供空气质量监测数据的网站，其数据采自国家生态环境部，上面有全国各大城市的空气质量数据。

(三)环境云

环境云是一个综合环境数据服务的平台，收录专业数据源(国家生态环境部数据中心、美国全球地震信息中心等)所发布的各类环境数据，接收其自主布建的各类环境监控传感器网络(包括空气质量指标、土壤环境质量指标检测网络)所采集的数据，结合相关数据预测模型生成预报数据。

七、体育

(一)体育大数据SportsDT

SportsDT以体育大数据为入口，提供比分数据、指数数据、比赛数据、分析数据等信息。

(二)stat-nba

stat-nba号称全专业最全的美国职业篮球联赛(NBA)中文数据库。

八、文化娱乐

(一)中国票房网

中国票房网收录了国内所有上映电影的票房实时数据，提供单日、单周、周末、单月、年度、中美对比、城市排片、电影资源库等丰富数据。

(二)猫眼电影数据

猫眼专业版提供全国各大电影的票房实时数据，包括票房占比、排片场次、排片占比、场均人次、上座率等动态实时数据。

九、自媒体

(一)清博指数

清博指数(前称“新媒体指数”)提供各类新媒体数据、榜单、分析报告、舆情监测、品牌推广、精准营销等服务。

(二)新浪舆情通

新浪舆情通以中文互联网大数据及新浪微博的独家官方数据为基础，7×

24小时不间断采集新闻、报刊、政务、外媒、微博、微信、博客、论坛、视频、网站、客户端等全网十一大信息来源，每天采集超过9000万条数据。

十、论文期刊

(一)知网

知网始建于1999年6月，提供中国知识资源总库、数字出版物、文献评价数据、知识检索。据了解，中国知网文献总量达2.8亿篇，中外学术期刊品种达58000余种。

(二)国家哲学社会科学学术期刊数据库

国家哲学社会科学学术期刊数据库收录了精品学术期刊1000多种，论文超过485万篇以及超过101万名学者、2.1万家研究机构的相关信息。

十一、指数

(一)百度指数

百度指数是以百度海量网民行为数据为基础的数据分析平台，主要功能模块有：基于单个词的趋势研究(包含整体趋势、PC趋势还有移动趋势)、需求图谱、舆情管家、人群画像；基于行业的整体趋势、地域分布、人群属性、搜索时间特征。

(二)爱奇艺指数

爱奇艺指数是由爱奇艺基于平台上收录的视频提供的视频数据分析工具。用户可以选择想了解的视频或节目名字，平台输出包括热度趋势、视频看点、舆情分析、受众画像等维度的数据分析。用户还可以添加多个节目进行对比，哪个节目热度高、哪个明星带的流量多、用户都在讨论什么等一目了然。

(三)阿里指数

阿里指数是提供电子商务平台市场动向的数据分析平台，于2012年11月26日上线。根据阿里巴巴网站每日运营的基本数据，包括每天网站浏览量、每天浏览的人次、每天新增供求产品数、新增公司数和产品数这5项指标统计得出。

十二、综合数据服务商

(一)云听

云听基于八爪鱼6年的大数据资源积累以及企业服务经验，运用人工智能自然语言分析技术，为企业提供全网数据收集能力、数据整合分析能力和场景化解决方案，尤其在客户体验管理CEM领域，拥有OPPO、VIVO、科沃斯等知名零售品牌大客户，在电商数据及舆情方面拥有丰富的经验。

(二)国泰安

国泰安是国内从事金融、经济信息精准数据库设计开发的专业高科技公司，为 1000 多所高校和金融机构服务。

（三）优易数据

优易数据汇集了以“国家自然资源和地理空间基础信息库”为基础，9 个国家部委的 20 余万项核心政务数据。

（四）瑞思数据

锐思数据从事金融数据库和相关投资研究软件研发，为高校、政府及金融机构提供精准的经济、金融数据和完备的增值服务。

（五）CEIC 数据

CEIC 数据是全面的经济数据库，覆盖超过 200 多个国家，提供中国超过 33 万条宏观经济、行业及区域的时间序列数据。

（六）Wind 金融数据

Wind 金融数据是国内领先的金融数据、信息和软件服务企业，数据内容涵盖股票、基金、债券、外汇、保险、期货、金融衍生品、现货交易、宏观经济、财经新闻等领域，新的信息内容及时进行更新以满足机构投资者的需求。

（七）搜数网

搜数网每天监测和收集处理公开媒体和各种年鉴书籍中披露的各类统计和调查数据，截至 2019 年 4 月 10 日，已加载到搜数网站的统计资料达到 9741 本书，涵盖 2280300 张统计表格和 454728104 个统计数据。

第二节 使用爬虫工具获取数据

随着大数据与传播、运营、销售和商业分析等的结合度越来越高，快速获得所需的数据成为一项“硬技能”。但 Python 编程从入门到精通需要一段不算短的时间，这也让很多人对数据抓取望而却步。其实，不懂编程，你也可以获取 99%网页的数据。爬虫，即网络爬虫，是一种自动获取网页内容的程序，是搜索引擎的重要组成部分，因此，搜索引擎优化很大程度上就是针对爬虫而做出的优化。

通常情况下，一个好的网络爬虫工具，能够有效地帮助你从搜索引擎的角度理解网站的销量，提供有关网站搜索性能的详细报告，帮助更好地优化网站。但值得注意的是，一个好的网络爬虫工具必须要能够执行一些基本功能。

一、什么是爬虫工具

网络爬虫是一个自动获取网页内容的程序，它为搜索引擎从万维网上下载网页，是搜索引擎的重要组成部分。传统爬虫从一个或若干个初始网页的 URL 开始，获得初始网页上的 URL，在抓取网页的过程中，不断从当前页面上抽取新的 URL

放入队列，直到满足系统的一定条件停止。

聚焦爬虫的工作流程较为复杂，需要根据一定的网页分析算法过滤与主题无关的链接，保留有用的链接，并将其放入等待抓取的 URL 队列。然后，它将根据一定的搜索策略从队列中选择下一步要抓取的网页 URL，并重复上述过程，直到达到系统的某一条件时停止。另外，所有被爬虫抓取的网页将会被系统存贮，进行一定的分析、过滤，并建立索引，以便之后的查询和检索；对聚焦爬虫来说，这一过程所得到的分析结果还可能对以后的抓取过程给出反馈和指导。

二、常用的爬虫工具介绍

网络爬虫在许多领域都有广泛的应用，它的目标是从网站获取新的数据，并加以存储以方便访问。网络爬虫工具越来越为人们所熟知，因为它能简化并自动化整个爬虫过程，使每个人都可以轻松访问网络数据资源。

（一）Octoparse

Octoparse（八爪鱼）数据采集系统以完全自主研发的分布式云计算平台为核心，可以在很短的时间内，轻松从各种不同的网站或者网页获取大量规范化数据，帮助任何需要从网页获取信息的客户实现数据自动化采集、编辑、规范化，摆脱对人工搜索及收集数据的依赖，从而降低获取信息的成本，提高效率。

（二）集搜客 GooSeeker

搜集客 GooSeeker 的优点显而易见，就是其通用性，对于简单网站，其定义好规则，获取 xslt 文件后，爬虫代码几乎不需要修改，可结合 scrapy 使用，提高爬取速度。

（三）Scraper

Scraper 是一款 Chrome 扩展工具，数据提取功能有限，但对于在线研究和导出数据到 Google Spreadsheets 非常有用，适用于初学者和专家，可以轻松地将数据复制到剪贴板或使用 OAuth 存储到电子表格。其不提供全包式抓取服务，但对于新手也算友好。

（四）Import. io

Import. io 用户只需从特定网页导入数据，并将数据导出到 CSV，即可形成自己的数据集。

用户可以在几分钟内轻松抓取数千个网页，而无需编写任何代码，并根据用户的要求构建 1000 多个 API。公共 API 提供了强大而灵活的功能，来以编程方式控制并获得对数据的自动访问，Import. io 通过将 Web 数据集成到用户自己的应用程序或网站中，只需点击几下就可以轻松实现爬虫。

为了更好地满足用户的抓取需求，它还为 Windows、Mac OSX 和 Linux 提供免费的应用程序，以构建数据提取器和抓取工具，下载数据并与在线账户同步。另外，用户可以每周、每天、每小时安排爬虫任务。

第三节　数据获取过程中的问题及对策

在新媒体环境下，随着各种技术被应用于新闻传播领域，这就要求我们的新闻采编人员具有相关的技术操作能力，同样，数据新闻对新闻工作者的能力提出了更高的要求，数据收集、数据分析、数据可视化等环节被数据新闻引入正式的新闻生产环节，数据的挖掘、分析、可视化作业都要求新闻工作者具有与之相适应的技能组合。但是现有的新闻工作者的综合能力并不能满足在数据新闻方面的技能要求。

一、问题：新闻采编人员收集数据、分析数据的能力有待提高

搜索引擎、网络视频指数、社交媒体、政府机构、企业等官方网站，这些数据收集的途径笔者仅列出几种，还有很多数据收集渠道需要新闻采编人员自己寻找，这就要求新闻采编人员提高自己的收集数据的能力，但是现在的新闻采编人员的数据收集能力在一定程度上还存在着一定的局限，没有能够很好地提高自己的职业能力。在一些情况下，例如，我国的政府部门、各种社会组织掌握着海量的权威可靠的数据，但是出于各种原因，这些信息是不完全对外开放的，不能完全与社会大众分享。这就导致了新闻记者在收集有关政府、企业方面的信息数据时因数据量不足，无法从整体的宏观的角度对数据进行剖析。在这种情况下，就要求新闻采编人员了解相关法律知识，熟练掌握档案管理、公开的相关法律方面的规定，在法律知识的基础上加大与政府、社会各组织之间的沟通力度，在对政府、社会各组织数据分析基础上发现问题，能够在一定程度上帮助政府提高管理水平，这样就能够达到双赢的效果，有利于和政府、社会各组织达成长期的信息获取方面的协议。

二、数据获取过程中的对策

数据新闻从业者要树立数据意识，提高收集数据的能力。在现代社会中，我们处处都会接触到各种结构化或者非结构化的数据信息，常需要根据相关数据做出决策，比如会依据天气变化的数据进行出行的准备，会依据股市的变化选择购买哪只股票。可以说，我们生活的社会是在数据之上运行的。特别是随着存储技术的发展，各种数据信息能够被存储、记录，数据便能量化我们的行为。需要强调的是，这里所说的数据是广义的概念，它不仅指数字或者数量，还包括音频、视频、文本等形式的信息。

记者作为社会的洞察者、社会信息的传播者，在纷繁的数据海洋中，必须为受众甄选出有价值的信息进行传播，既要对社会的某种情况进行一定的呈现，也要能

够对受众起到相应的启示作用。因此，记者就需要树立数据意识，既要有敏锐的数据敏感度，又需要理性地看待数据，避免“唯数据主义”。在大数据背景下，由于各行各业都开始重视数据信息，需要依据数据分析来做决策，因此会有很多数据信息被搜集与存储，加上信息开放程度变高，越来越多的数据信息逐渐被公布。这些数据信息中可能隐含着有价值的故事，记者可以从中发现有意义的选题进行新闻报道。但目前的新闻从业者大多是文科背景，除了负责经济新闻的记者外，其他记者很少能够接触到数据。在海量的数据信息中，记者由于对数据没有先天的亲近感，缺乏敏锐的数据感知力，不能分辨出哪些数据有报道价值，从而找不到好的新闻报道角度，导致错失好的新闻报道机会。在数据新闻报道中，数据敏感与新闻敏感很相似，它要求新闻从业者在繁复的数据信息中，能够准确、迅速地捕捉到具有新闻价值的数据信息。诚然，数据敏感不是在短时间内能培养的，它需要新闻从业者在新闻实践中长期积累。

另外，新闻从业者要理性地看待数据，避免“唯数据主义”。数据新闻用数据说话，从数据中挖掘事实背后的深层次含义，这样的新闻报道方式使我们能以新的方式来理解新闻事实，极大地提高了受众对新闻的阅读兴趣，数据新闻的地位也日益提高，数据确实对报道起到了很好的推动作用，但我们也应该对数据新闻的数据保持一定的谨慎态度。现在我们可以搜集到很多数据信息，但是这些数据信息是否完全是真实的，这是需要新闻从业者进一步进行检验。在使用数据的过程中，他们需要思考数据的来源是否可靠，搜集这些数据的方式是否具有科学性，哪些数据具有报道的价值，从什么角度对数据进行分析更好，数据是否有相关性等。在数据新闻制作中，不能盲目地使用数据，一定要理性地看待数据，认真对其进行判断、思考。

第五章　数据清洗与分析

第一节　什么是数据清洗

科学合理地筛选有用的数据，去除“脏数据”，能够保障数据新闻报道的质量，更好地呈现数据的价值。数据新闻工作者面对收集的海量数据，无论是通过何种方式获取，都无法直接使用，需要对数据用途进行识别和筛选，对数据的真实性、有效性和相关关系进行判断，并通过对数据的重新整合与处理实现数据清洗，筛选出与新闻主题匹配且相关的信息。

一、数据清洗的概念

数据清洗(Data cleaning)从名字上也看得出，就是把“脏”的“洗掉”，指发现并纠正数据文件中可识别的错误的最后一道程序，包括检查数据一致性、处理无效值和缺失值等。因为数据仓库中的数据是面向某一主题的数据的集合，这些数据从多个业务系统中抽取而来，而且包含历史数据，这样就避免不了有的数据是错误数据、有的数据相互之间有冲突，这些错误的或有冲突的数据显然不是我们想要的，称为“脏数据”。我们要按照一定的规则把“脏数据”“洗掉”，这就是数据清洗。

而数据清洗的任务是过滤那些不符合要求的数据，将过滤的结果交给业务主管部门，确认是否过滤掉是由业务单位修正之后再进行抽取。不符合要求的数据主要有不完整的数据、错误的数据、重复的数据三大类。数据清洗与问卷审核不同，录入后的数据清洗一般是由计算机而不是人工完成。

(一)一致性检查

一致性检查(consistency check)是根据每个变量的合理取值范围和相互关系，检查数据是否合乎要求，发现超出正常范围、逻辑上不合理或者相互矛盾的数据。例如，用1~7级量表测量的变量出现了0值，体重出现了负数，都应视为超出正常值域范围。SPSS、SAS、和Excel等计算机软件都能够根据定义的取值范围，自动识别每个超出范围的变量值。逻辑上不一致性的答案可能以多种形式出现。例如，许多调查对象说自己开车上班，又报告没有汽车；或者调查对象报告自己是某品牌的重度购买者和使用者，但同时又在熟悉程度量表上给了很低的分值。发现不一致时，要列出问卷序号、记录序号、变量名称、错误类别等，便于进一步核对和纠正。

(二)无效值和缺失值的处理

由于调查、编码和录入误差，数据中可能存在一些无效值和缺失值，需要给予适当的处理。常用的处理方法有估算、整例删除、变量删除和成对删除。

①估算(estimation)，最简单的办法就是用某个变量的样本均值、中位数或众数代替无效值和缺失值。这种办法简单，但没有充分考虑数据中已有的信息，误差可能较大。另一种办法就是根据调查对象对其他问题的答案，通过变量之间的相关分析或逻辑推论进行估计。例如，某一产品的拥有情况可能与家庭收入有关，可以根据调查对象的家庭收入推算拥有这一产品的可能性。

②整例删除(casewise deletion)，是剔除含有缺失值的样本。由于很多问卷都可能存在缺失值，这种做法可能导致有效样本量大大减少，无法充分利用已经收集到的数据。因此，整列删除只适合关键变量缺失，或者含有无效值或缺失值的样本比重很小的情况。

③变量删除(variable deletion)，如果某一变量的无效值和缺失值很多，而且该变量对于所研究的问题不是特别重要，则可以考虑将该变量删除。这种做法减少了供分析使用的变量数目，但没有改变样本量。

④成对删除(pairwise deletion)，是用一个特殊码(通常是9、99、999等)代表无效值和缺失值，同时保留数据集中的全部变量和样本。但是，在具体计算时，只采用有完整答案的样本，因而不同的分析因涉及的变量不同，其有效样本量也会有所不同。这是一种保守的处理方法，最大限度地保留了数据集中的可用信息。

采用不同的处理方法可能对分析结果产生影响，尤其是当缺失值的出现并非随机且变量之间明显相关时。因此，在调查中应当尽量避免出现无效值和缺失值，保证数据的完整性。

二、数据清洗的主要类型

(一)残缺数据

这一类数据主要是一些应该有的信息缺失，如供应商的名称、分公司的名称、客户的区域信息缺失、业务系统中主表与明细表不能匹配等。将这一类数据过滤出来，按缺失的内容分别写入不同 Excel 文件向客户提交，要求在规定的时间内补全。补全后才写入数据仓库。

（二）错误数据

这一类错误产生的原因是业务系统不够健全，在接收输入后没有进行判断，直接写入后台数据库造成的，比如数值数据输成全角数字字符、字符串数据后面有一个回车操作、日期格式不正确、日期越界等。这一类数据也要分类，对于类似于全角字符、数据前后有不可见字符的问题，只能通过写 SQL 语句的方式找出来，然后要求客户在业务系统修正之后抽取。日期格式不正确的或者是日期越界的这一类错误会导致 ETL 运行失败，这一类错误需要去业务系统数据库用 SQL 的方式挑出来，交给业务主管部门要求限期修正，修正之后再抽取。

（三）重复数据

对于这一类数据——特别是维表中会出现这种情况——将重复数据记录的所有字段导出来，让客户确认并整理。

数据清洗是一个反复的过程，不可能在几天内完成，只有不断发现问题、解决问题。对于是否过滤、是否修正一般要求客户确认，对于过滤掉的数据写入 Excel 文件或者将过滤数据写入数据表，在 ETL 开发初期，可以每天向业务单位发送过滤数据的邮件，促使他们尽快地修正错误，同时也可以作为将来验证数据的依据。数据清洗需要注意的是，不要将有用的数据过滤掉，对于每个过滤规则认真进行验证，并要用户确认。

第二节 Excel 常用函数与数据清洗技巧

一、Excel 常用的函数

Excel 是常用的电子表格软件，如果能对常用的函数公式了如指掌，对工作效率的提高绝对不止一点。Excel 中函数特别多，但是往往常用的主要是 7 种函数，其他函数比较复杂、不常用，一般情况下也用不到，下面将具体讲解这 7 种函数，分别是求和函数 SUM、条件求和函数 SUMIF、平均值函数 AVERAGE、最大值函数 MAX、最小值函数 MIN、排序函数 RANK 以及条件计数函数 COUNTIF。

（一）求和函数 SUM

求和函数是最简单的函数，只需要在表格上方输入=SUM(选择的内容)，就可以了，如图 5-1 所示。

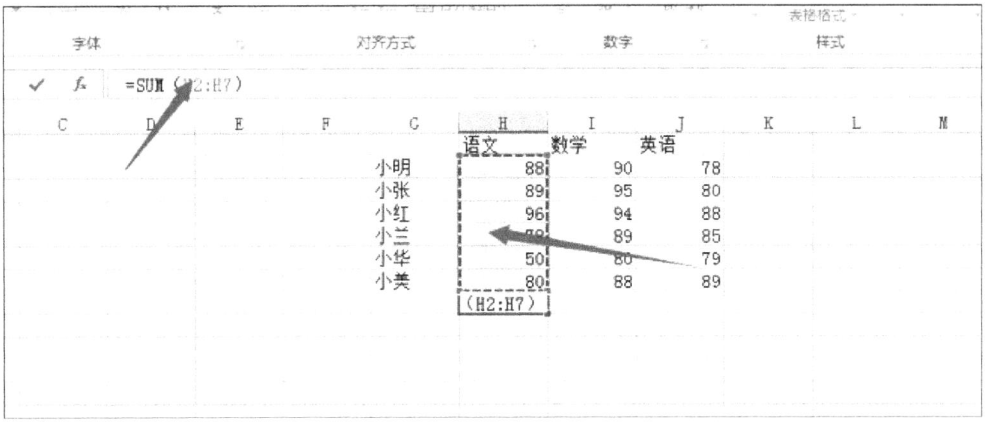

图 5-1　求和函数

(二)条件求和函数 SUMIF

条件求和函数是将满足条件的内容进行加和，例如，=SUMIF(H2：H7，">=60"，H2：H7)，是将 H2 到 H7 的单元格中大于等于 60 的数据进行相加求和，如图 5-2 所示。

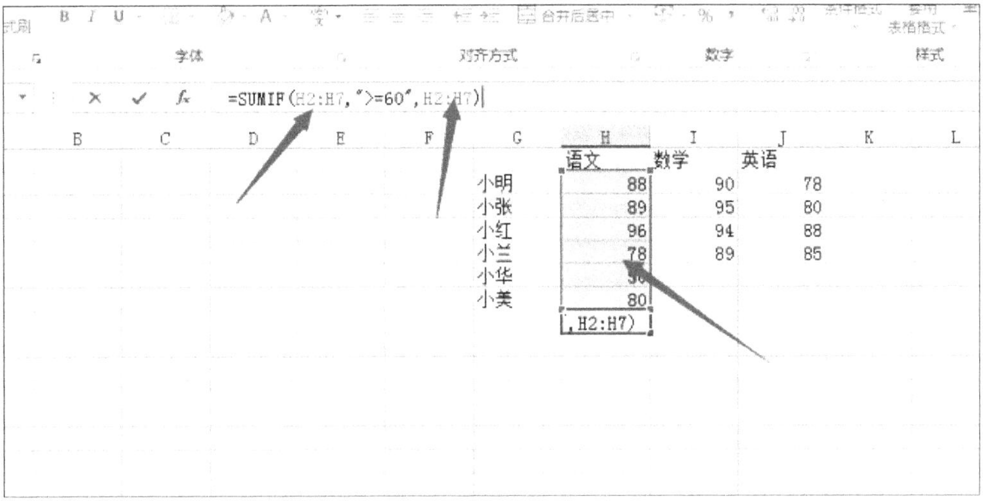

图 5-2　条件求和函数

(三)平均值函数 AVERAGE

平均值函数与求和函数类似，举例说明，=AVERAGE(H2：H7)，是指对 H2～H7 单元格的数据进行求和，然后求其平均值，如图 5-3 所示。

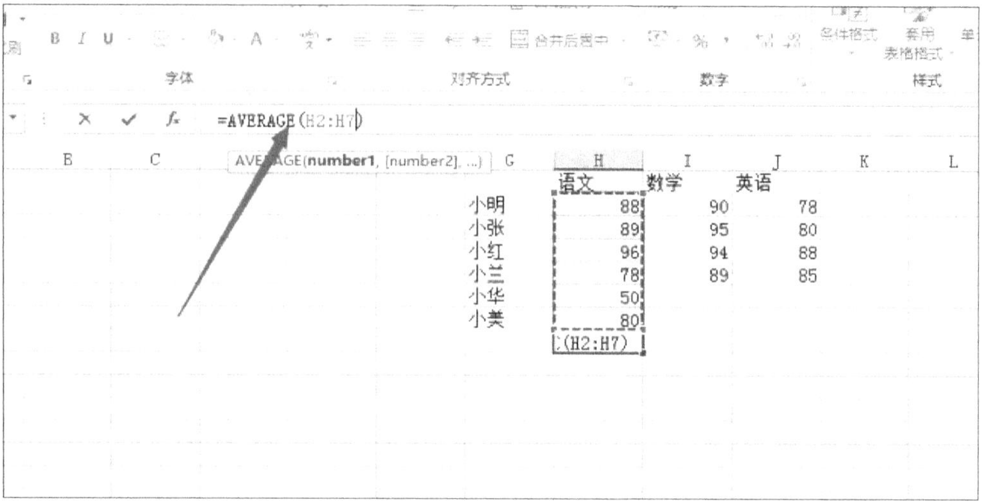

图 5-3 平均值函数

(四)最大值函数 MAX

最大值函数跟求和函数类似，举例说明，=MAX(H2：H7)，是指对 H2~H7 单元格的数据进行最大值运算，如图 5-4 所示。

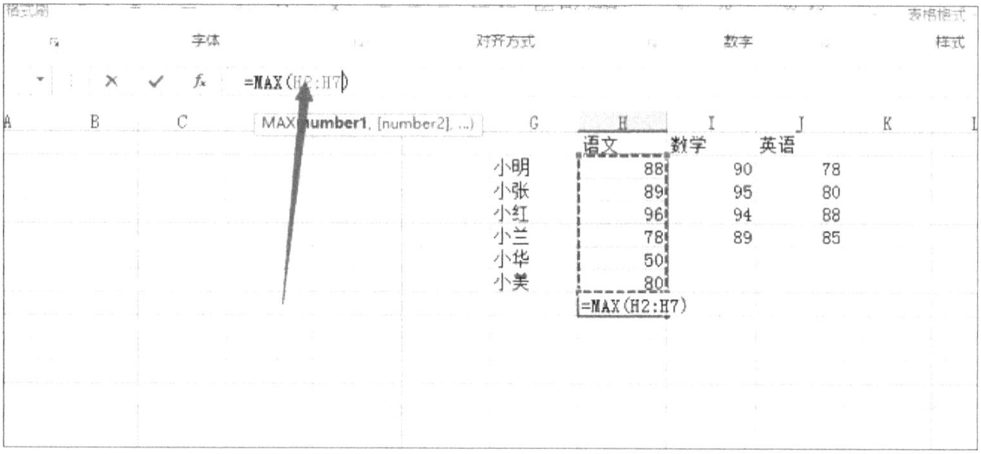

图 5-4 最大值函数

(五)最小值函数 MIN

最小值函数跟求和函数类似，举例说明，=MIN(H2：H7)，是指对 H2~H7 单元格的数据进行最小值运算，如图 5-5 所示。

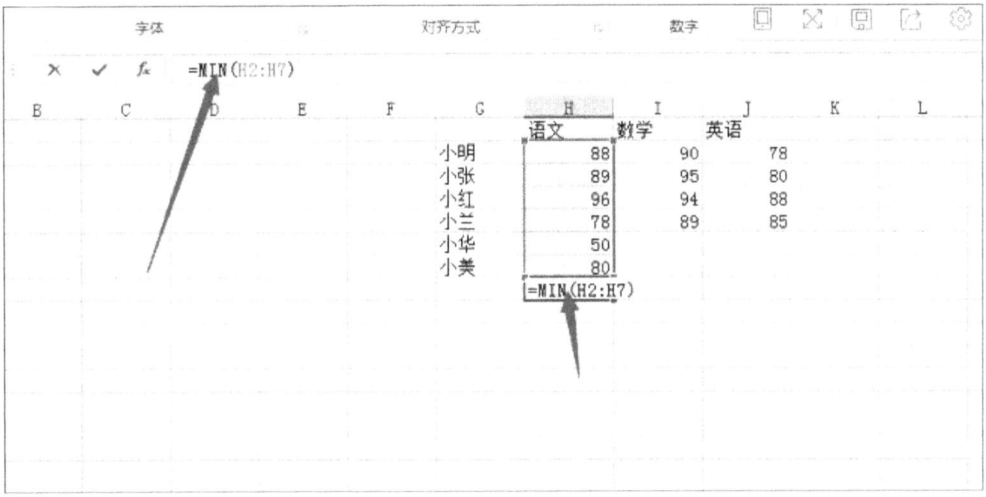

图 5-5　最小值函数

(六)排序函数 RANK

排序函数的区别在于，需要指定开始需要查找序列的数据地址，如 = RANK(H2，H2：H7)，意思是查找 H2 数据在 H2～H7 数据中的名次，如图 5-6 所示。

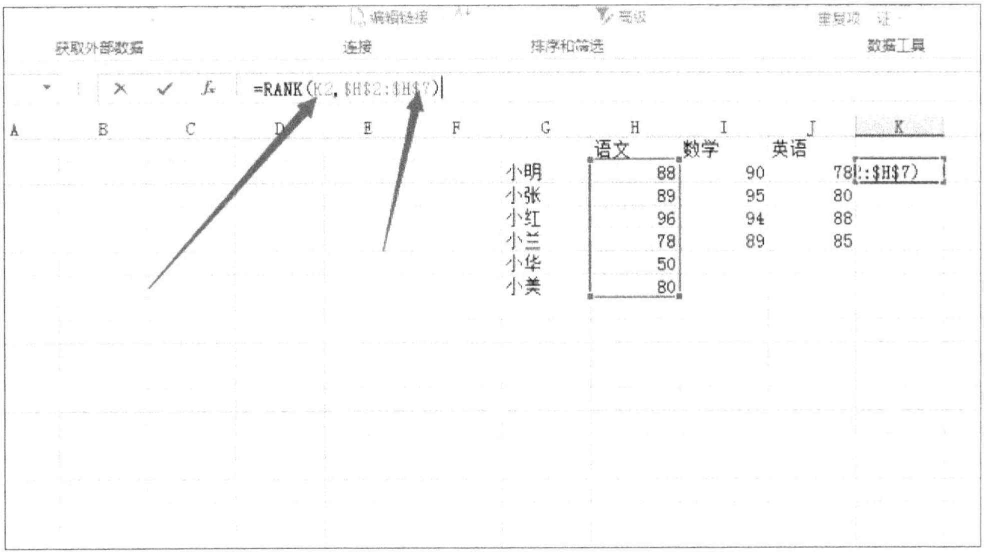

图 5-6　排序函数

(七)条件计数函数 COUNTIF

条件计数函数主要是用来根据特定条件统计符合条件的单元格个数，首先，来了解 COUNTIF(Range，Criteria)函数的构成。

①参数：Range，要计算其中非空单元格数目的区域；

②参数：Criteria，以数字、表达式或文本形式定义的条件。

接着，看一下 COUNTIF 函数的使用方法。

①单击要插入公式的单元格，点击编辑栏左边“插入公式”按钮，弹出对话框，如图 5-7 所示。

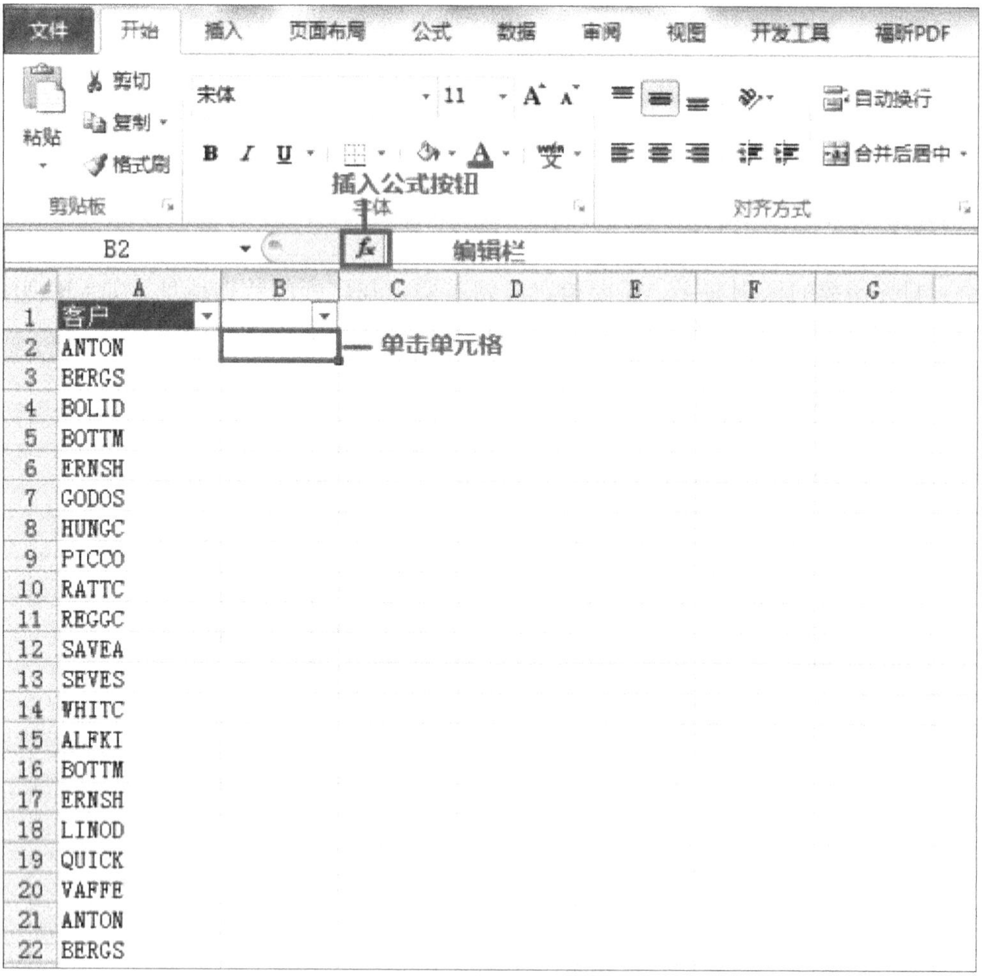

图 5-7 条件计数函数“插入公式”

②如果在“常用函数”中没能找到 COUNTIF 函数，通过点击“或选择类别”下拉菜单选择“统计”，便可在“选择函数”的列表框中找到该函数，点击“确定”，如图 5-8 所示。

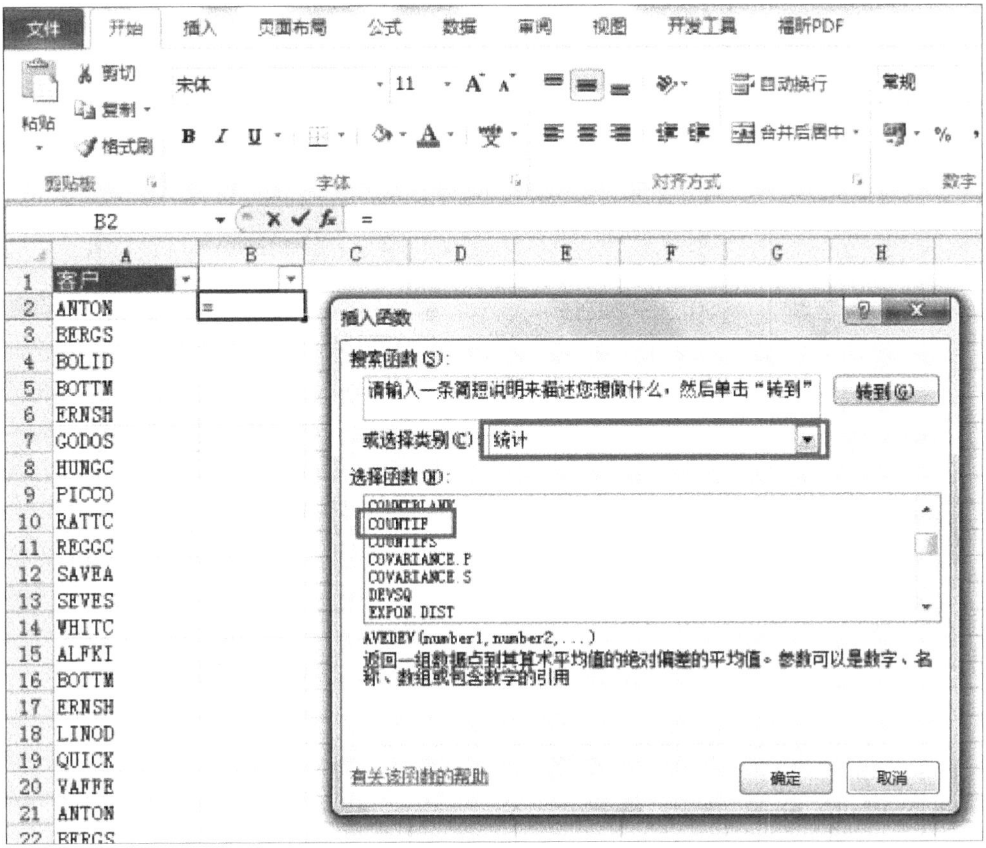

图 5-8 通过“选择函数”找到 COUNTIF 函数

③在弹出的“函数参数”对话框中，分别填入两个参数值，首先在“Range”参数的输入框中选中要统计的表列或区域，如图 5-9 所示。

④再在“Criteria”参数的输入框中输入指定的统计条件，比如统计客户“ANTON”在这一列中出现的次数，在输入框中输入"ANTON"（切记双引号为英文半角），或直接点击单元格“A2”，选中作为条件值，点击“确定”即可完成统计，如图 5-10 所示。

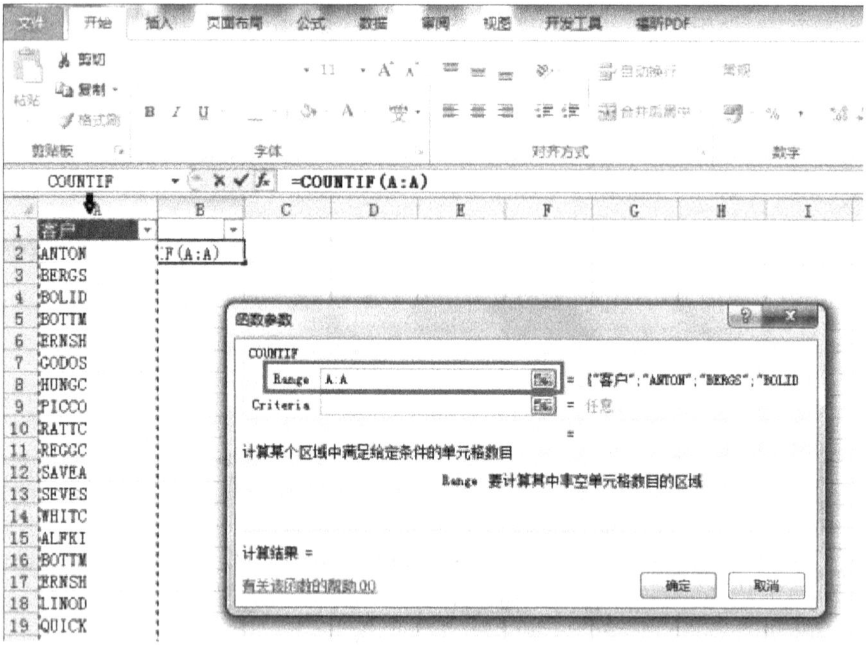

图 5-9　在 Range 参数框中选中统计区域

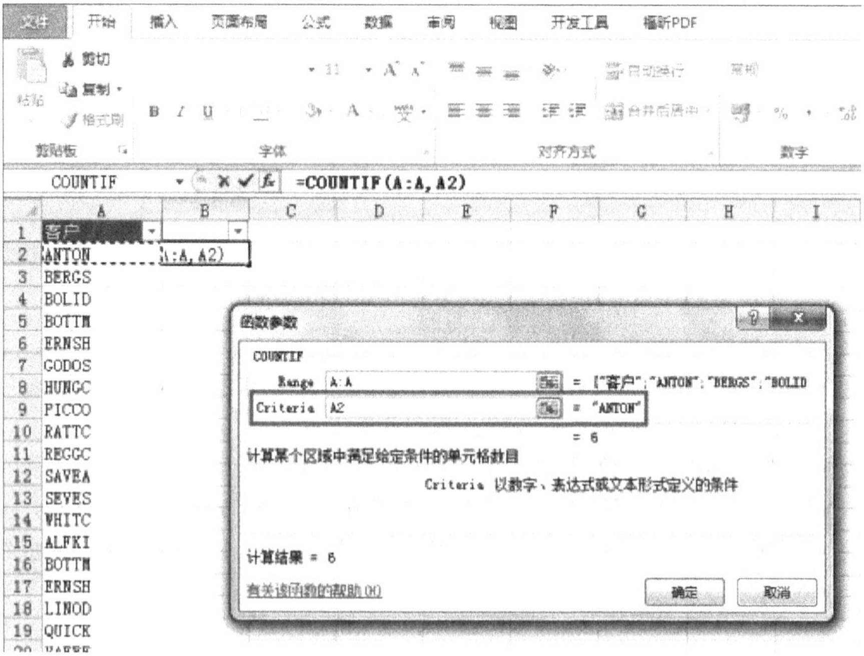

图 5-10　在“Certieria”参数框中输入统计条件

⑤“B2”单元格为函数返回的统计数值，如图 5-11 所示。

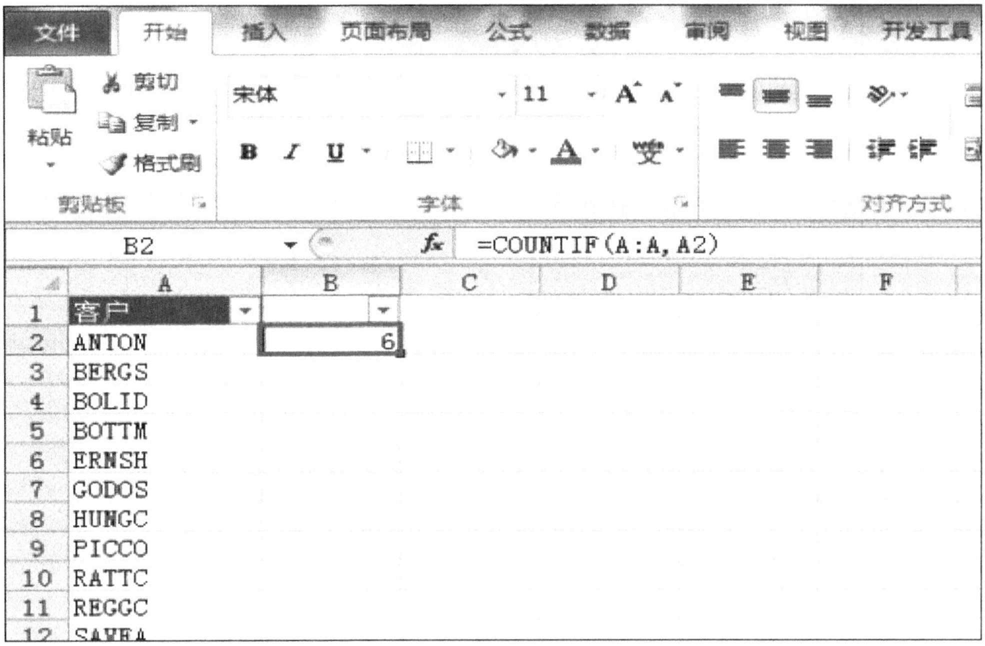

图 5-11　返回的统计数图

二、Excel 的数据清洗技巧

我们以爬取了某招聘网站关于数据分析的职位的信息进行数据清洗的实例进行讲解。

(一)缺失值处理技巧

缺失值即数据值为空，或为 NULL 等，寻找缺失值有很多方法，这里以定位空值为例进行讲解。

①打开要处理的 Excel 表格，如图 5-12 所示。示例中要处理的数据有两人的成绩是空的，这两人的成绩是一样的，都是 70，要怎样通过定位功能把这个数据添加进去呢?

②鼠标选中要处理的数据区域，如图 5-13 所示。

③调出定位功能有 3 种方法：方法一是按下 F5 键；方法二是同时按下 CTRL 和 G 键；方法三是打开菜单栏“开始”按钮，在下拉菜单的最右边“编辑”区域，点击“查找”按钮，然后点击下拉菜单里的“定位”。上述 3 种方法操作后，都能调出“定位”对话框，在“定位”对话框勾选“空值”按钮，如图 5-14 所示。

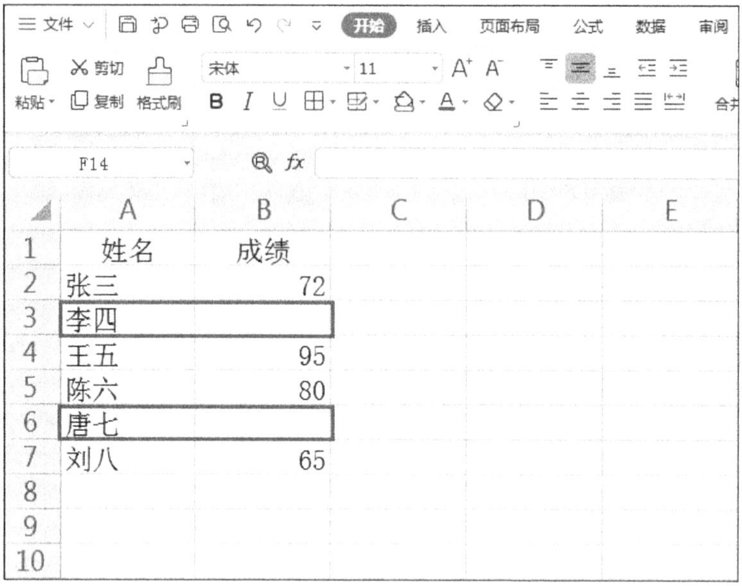

图 5-12　打开 Excel 表格

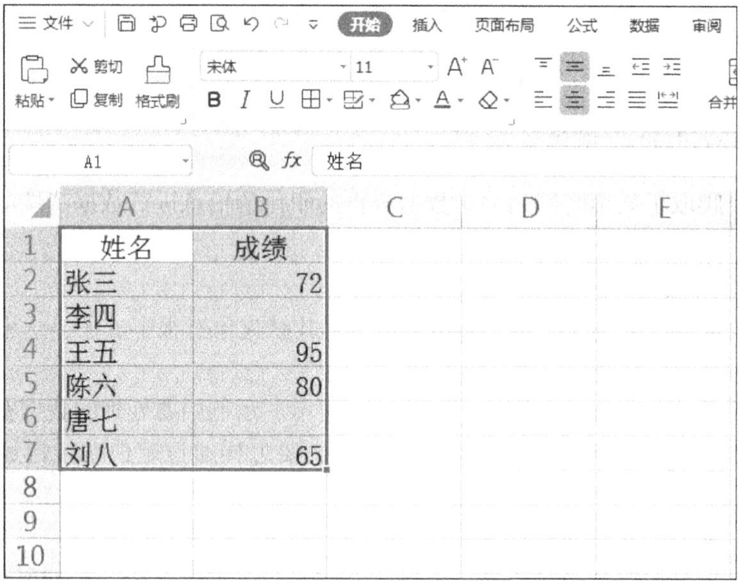

图 5-13　选中要处理的数据区域

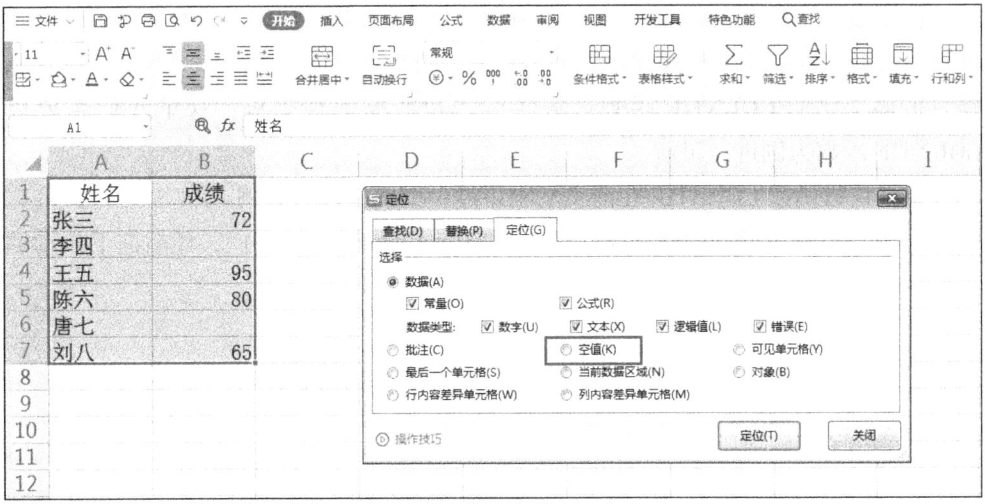

图 5-14 对空值进行定位

④点击“定位”按钮后，会发现选中数据区域的空值单元格都被选中了，输入数值后，再同时按住 CTRL 和 ENTER 键，选中的空值就都填入了输入的数值，如图 5-15 所示，这里输入 70。

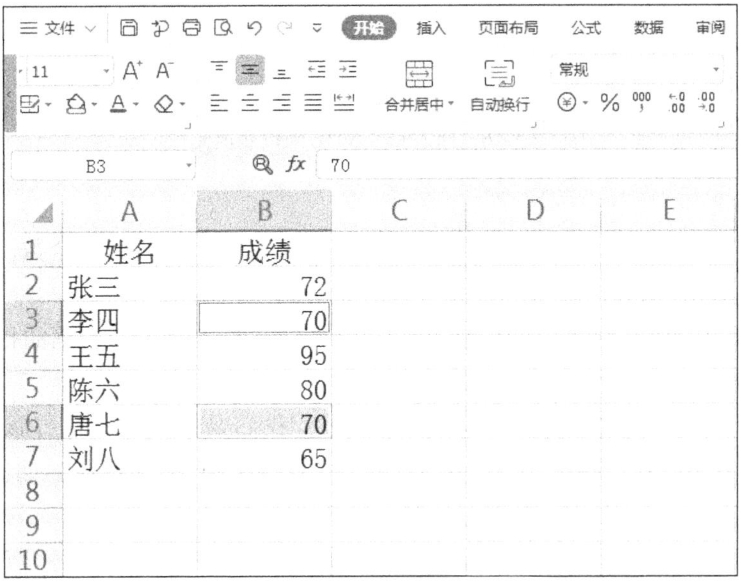

图 5-15 将空值输入数据

(二)重复值处理技巧

在获取数据源的时候，可能因为各种原因会导致获取到完全重复的数据，对于这样的数据，没必要进行重复统计，因此需要找出重复值并删除，寻找重复值的思路有很多，比如 COUNTIF 函数、条件格式和数据透视表等，这里我们主要以 COUNTIF 函数为例进行讲解。

条件计数函数 COUNTIF 在前文刚刚讲过，下面以表格为例。

①在“B2”单元格中插入公式“=COUNTIF(A2：A＄9，A2)”，然后向下拉动填充，如图 5-16 所示。

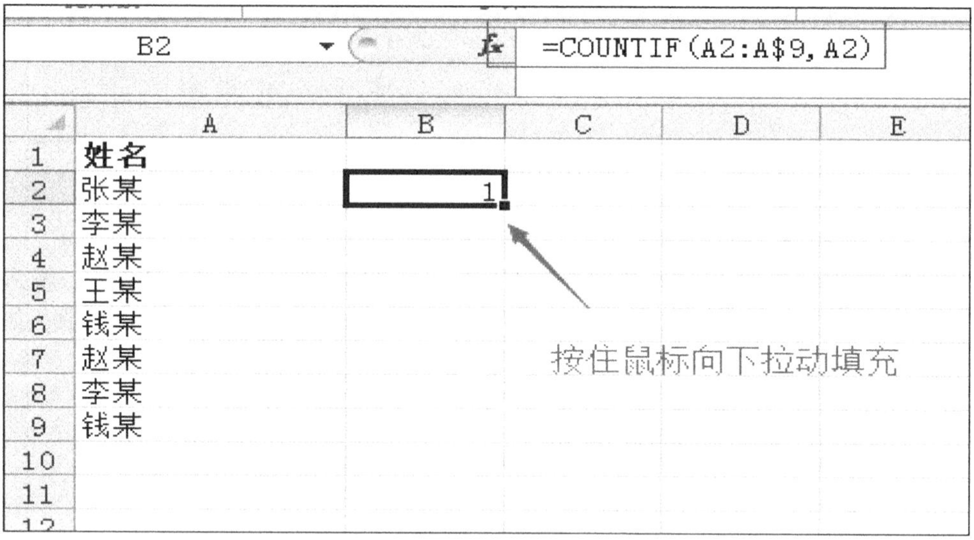

图 5-16　插入 COUNTIF 函数并填充

②这时可以看到，运用该公式统计的各个单元格重复数据的个数，选择“B”列，点击“数据”工具栏中的“筛选”按钮，如图 5-17 所示。

③点击筛选下拉箭头，在筛选选项中将统计数“1”前面的复选框的打钩去掉并确定，如图 5-18 所示。

④这时已经将重复的数据给显示出来了，我们要做的就是选择该数据，并单击鼠标右键选择“删除行”，便可以将重复的数据给删除掉，如图 5-19 所示。

⑤取消筛选，剩下的唯一数据便可展现出来，如图 5-20 所示。

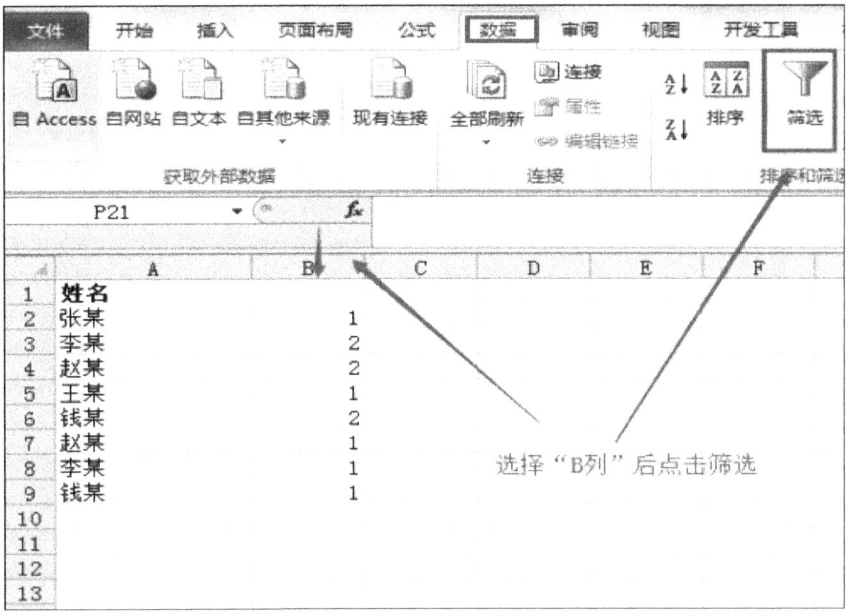

图 5-17 重复数据情况

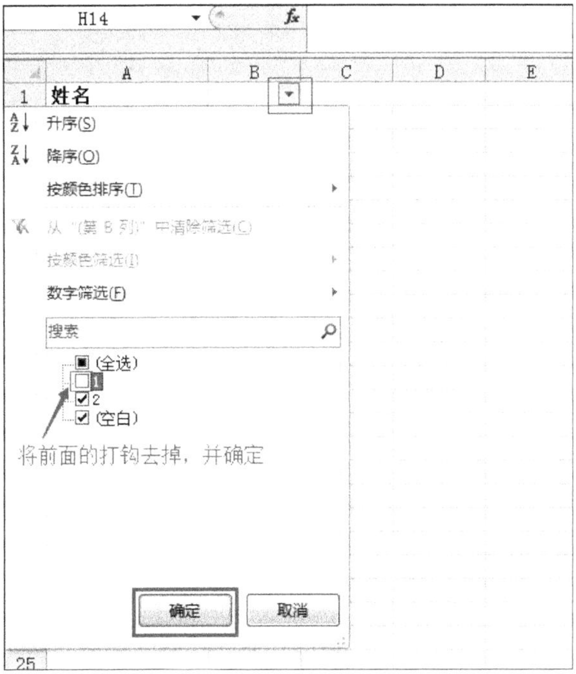

图 5-18 筛选重复数据

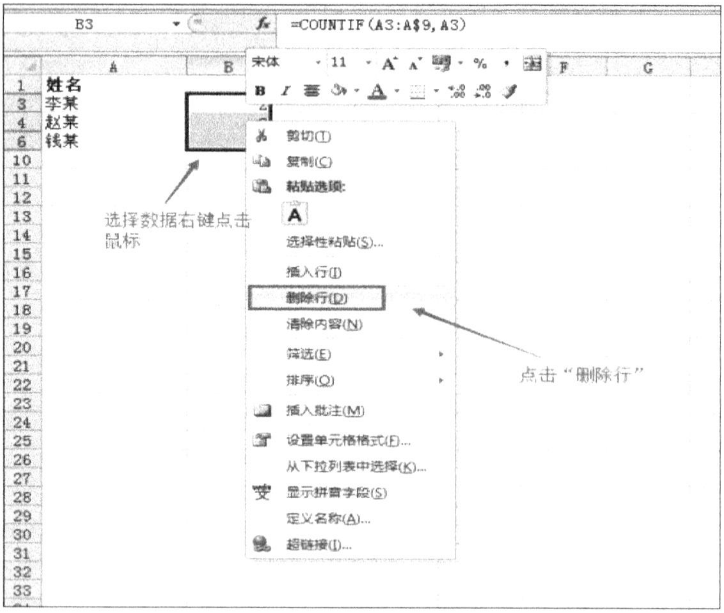

图 5-19 删除重复行

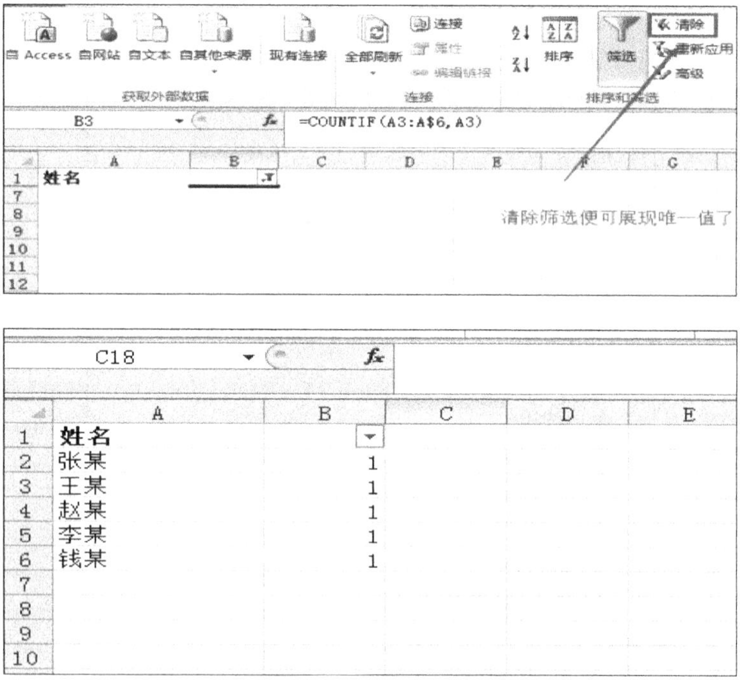

图 5-20 最终结果

(三)字段拆分

对于原始数据，有些字段不是我们想象中的格式，因此要对这些字段做一些计算和处理，对字段进行计算这里就不细说了，用函数即可，这里主要讲解一下字段拆分的操作。

对于原始字段里的地址一栏，我们想要将地市和区域分开，将一个字段分割成两个字段，这里介绍分列方式。

分列的具体操作步骤如下。

①把需要分列的数据放到 Excel 中，然后选中要分列的数据，如图 5-21 所示。

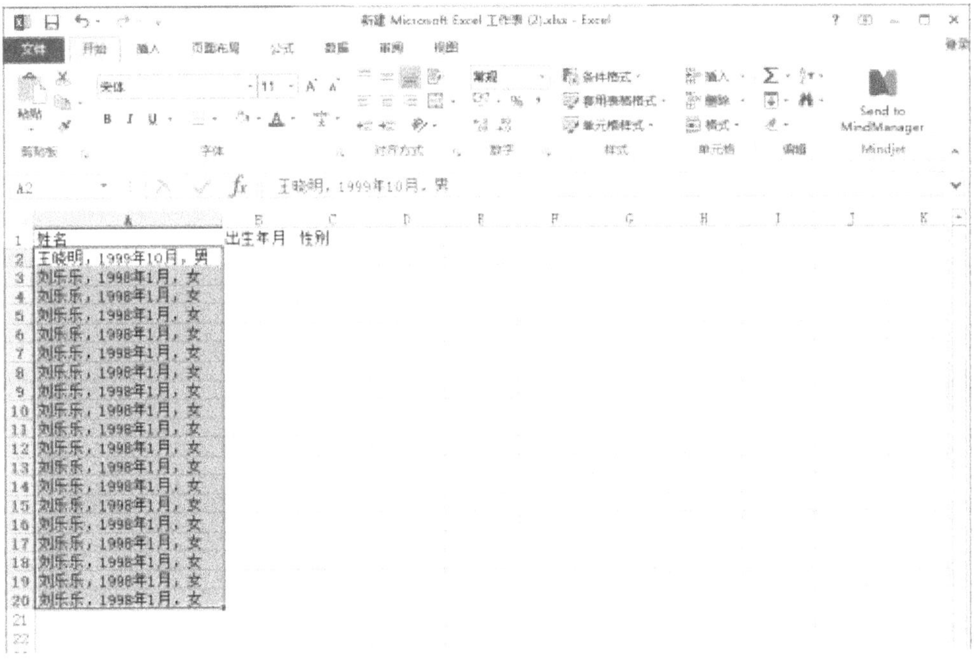

图 5-21　选中分列数据

②在工具栏中单击“数据”菜单，如图 5-22 所示。

③选择“数据”菜单栏中的“分列”选项，弹出一个对话框，如图 5-23 所示。

④按照默认，选择“分隔符号”，如图 5-24 所示。

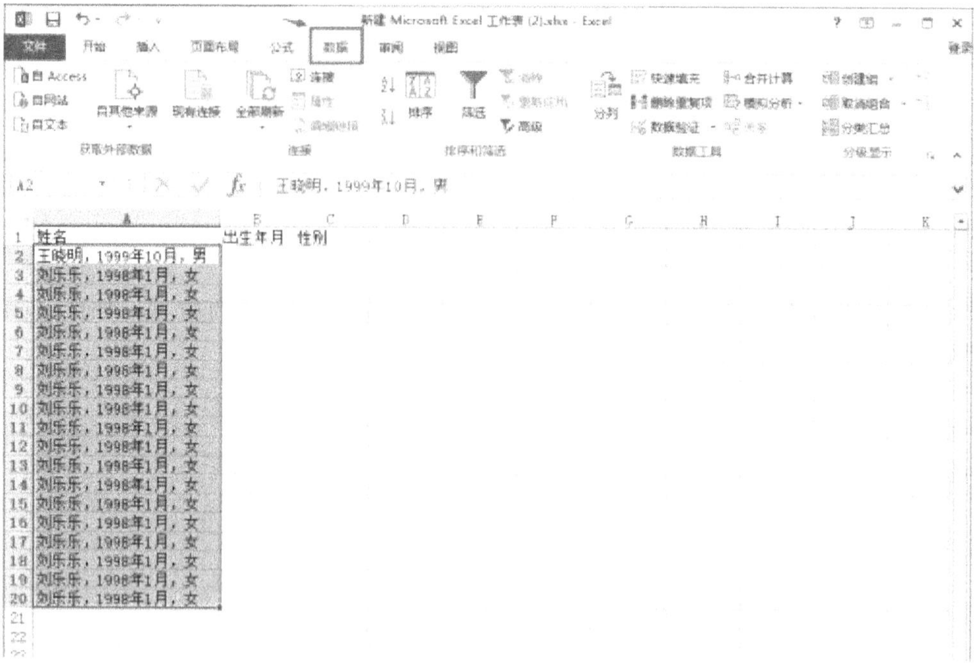

图 5-22　单击数据菜单

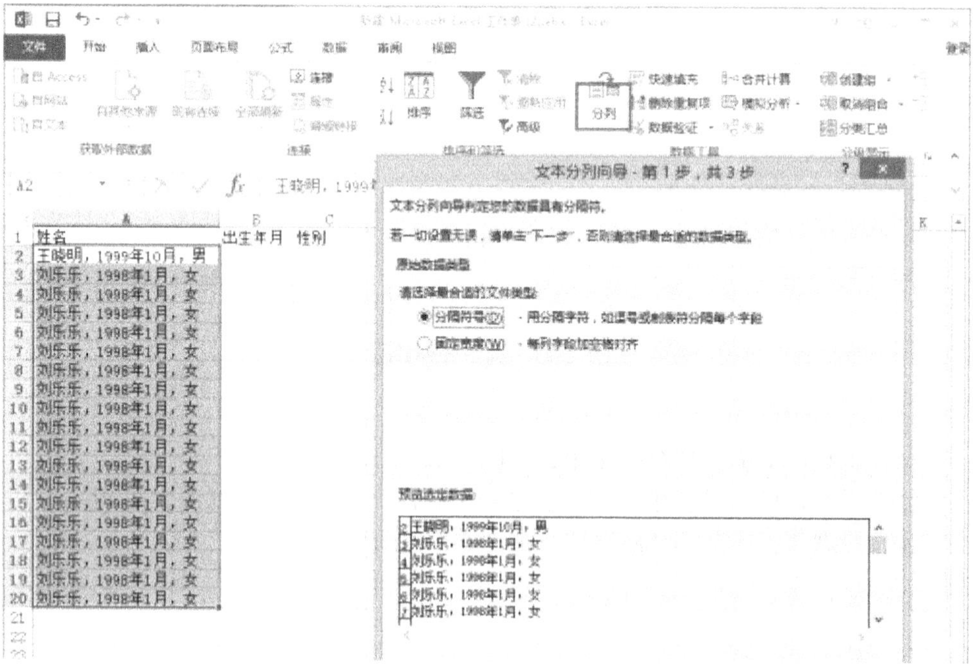

图 5-23　选择分列选项

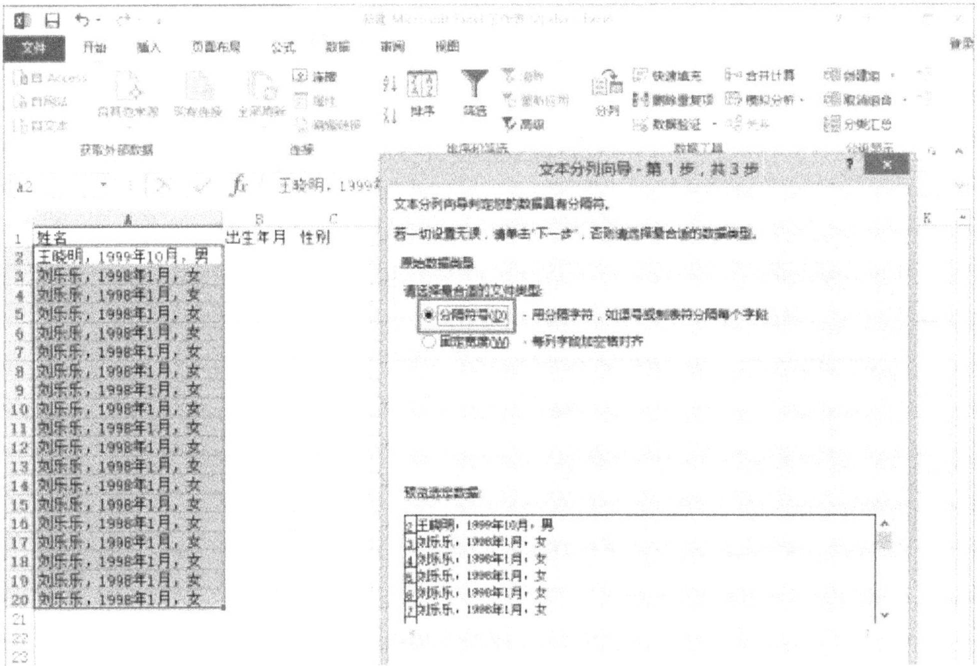

图 5-24 选择“分隔符号”

分隔符号和固定宽度是分列的两种形式，如果数据中有特殊的符号，一般用分隔符号的形式进行分列，也就是本文讲的分列方法；如果要分列的数据整列宽度是统一的，那么也可以用固定宽度进行分列。

⑤单击对话框中的“下一步”按钮，会看到如图 5-25 所示界面，可以直接勾选前面 4 种分隔符，也可以在“其他”框中输入，本例是以中文逗号“，”为分隔符。

⑥输入逗号之后，会在图 5-26 的数据预览框中看到分列之后的效果，然后单击“完成”按钮。

⑦最后就完成了数据分列操作，最终效果，如图 5-27 所示。

以上选择的例子是最简单的分列，可能我们平时还会遇到多列、多分隔符分列的情况，需要注意分列时后面几列单元格中是否有数据，以免被覆盖。

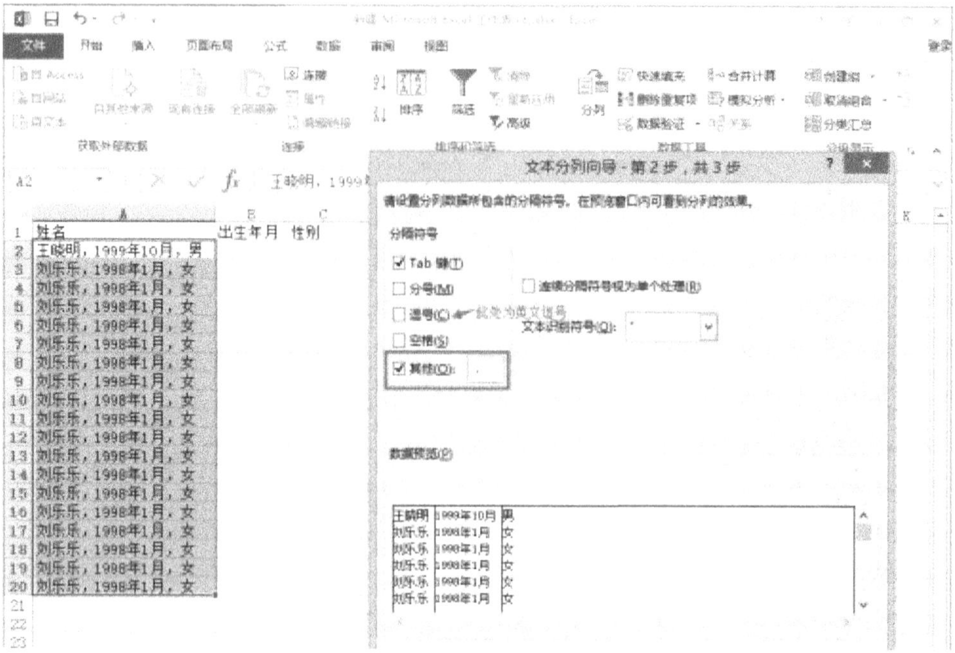

图 5-25　确定分隔符

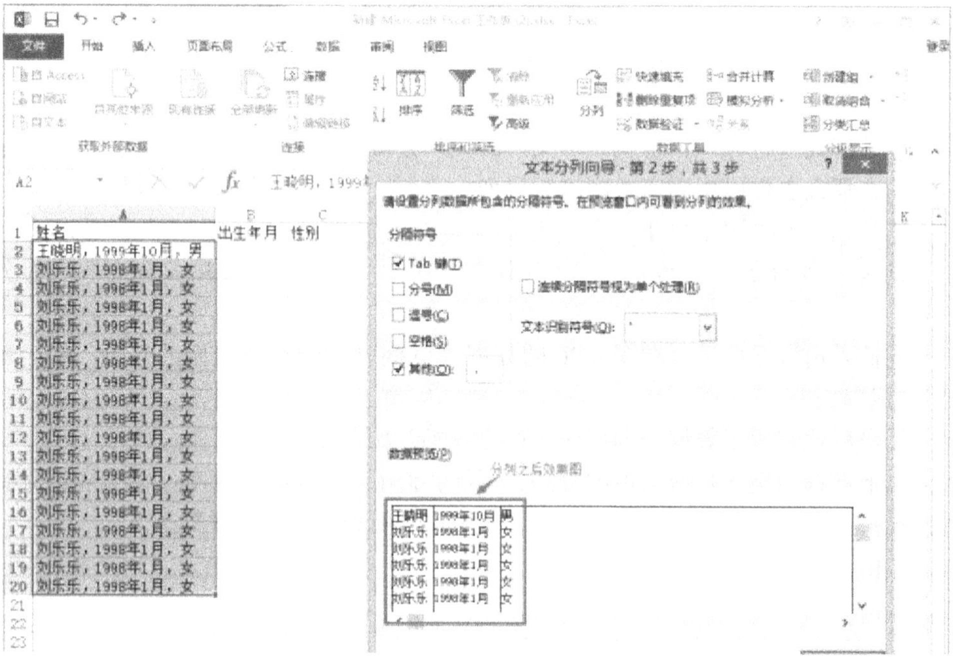

图 5-26　数据预览

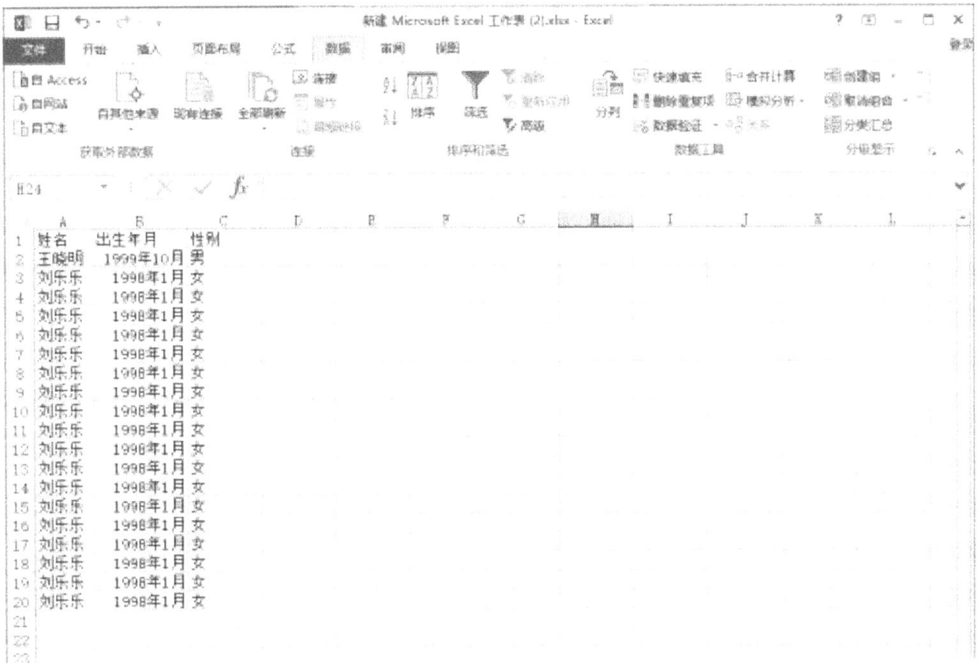

图 5-27　输出结果

第三节　什么是数据分析

由于数据分析的数据来源相比于数据挖掘直接从数据库调取，数据分析的数据更加杂乱无章，可能是从别人的分析报告里找数据，或从百度等处搜索数据，这些数据的格式、字段都不统一，那么就需要根据目的进行归类、整合。

一、数据分析的概念

数据分析是指用适当的统计分析方法对收集来的大量数据进行分析，提取有用信息和形成结论，而对数据加以详细研究和概括总结的过程。这一过程也是质量管理体系的支持过程。在实际运用中，数据分析可帮助人们作出判断，以便采取适当行动。

数据分析的数学基础在 20 世纪早期就已确立，但直到计算机的出现才使得实际操作成为可能，并使得数据分析得以推广。数据分析是数学与计算机科学相结合的产物。

二、数据分析的四种类型模式

瑞典统计学家 Hans Rosling 将数据分析划分为 4 种类型模式：描述型、诊断型、预测型和指导型。

(一)描述型：发生了什么？

这是最常见的一种。在业务中，它提供业务重要衡量标准的概览，一个例子是每月的利润和损失账单。类似地，数据分析人员可以获得大批客户的数据。了解客户(如30%的客户是自雇型)的地理信息也可认为是“描述型分析”，进而充分利用可视化工具，增强描述型分析所带来的信息。

(二)诊断型：为什么会发生？

这是描述型分析的下一步难题。通过评估描述型数据，诊断分析工具使得数据分析人员能够深入分析产生问题的核心原因。

(三)预测型：可能发生什么？

预测型分析主要是进行预测。对于某事件在将来发生的可能性，预测一个可量化的值，或者是估计事情可能发生的某个时间点，这些都可以通过预测模型完成。预测模型通常运用各种可变数据来作出预测。数据成员的多样化与可能预测的目标是相关联的(如人的年龄越大，越可能发生心脏病，我们可以说年龄与心脏病风险是线性相关的)。随后，这些数据被放在一起，产生分数或预测。

在一个充满不确定性因素的世界里，预测能够允许人们作出更好的决定。预测模型在很多领域都被用到。

(四)指导型：我需要做什么？

在价值和复杂度上，下一步就是指导型模型。指导型模型基于发生了什么、为什么会发生以及一系列“可能发生什么”的分析，帮助用户确定要采取的最好的措施。很显然，指导型分析不是一个单独的行为，实际上它是其他很多行为的主导。交通应用是一个很好的例子，它帮助人们选择最好的回家路线，考虑到了每条路线的距离、在每条路上的速度以及很关键的目前的交通限制。

【案例】

数据分析与世界杯

在 2006 年世界杯上，阿根廷和德国在 1/4 决赛中 120 分钟难分高下，在点球大战开始之前，老门将卡恩将一张纸条递到莱曼手中。莱曼每次扑点球之前都要看一眼纸条。结果是，莱曼所有点球都判断对了方向，除了两个点球质量太高无力回天外，其余全部扑出，阿根廷只能黯然出局。

问题是，那张纸条上究竟写了什么？

上面记录着阿根廷队的克鲁兹、阿亚拉、罗德里格斯以及坎比亚索习惯的脚法。德国队守门员教练科普克如此精确地预测出阿根廷球员射出的点球方向，并不是因为他有什么过人的占卜天才。那张草草的扑点球秘籍来自德国科隆体育学院数据分析小组夜以继日的努力。

分析小组收集了阿根廷球队13000个点球的录像，所有这些采集回来的点球数据被录入数据库，并根据阿根廷射门练习的数据，找出了一些可以描述射门动作的行为特征，比如“阿亚拉，短助跑，右下角；里克尔梅，斜上助跑，右下角；马克西，长距离助跑，左上角；坎比亚索，长距离助跑，右侧；索林，短助跑，右下角，特维斯，短助跑，中路……”

这些行为特征描述了阿根廷推谁罚点球、怎么罚点球的规律。最终，从这些特征中提炼出很少的更具体的特征。正是这张纸条把大力神杯交到了德国队手中。小纸条上总结的这些规律就是数据挖掘与分析的结果。

三、常用的数据分析方法

数据分析有法可循，在分析数据时使用分析方法可以快速有效地分析数据，从数据中获取信息。常用的分析方法有对比法、拆分法、排序法、交叉法、降维法、增维法、指标法和图形法，根据业务场景选择一种或一种以上的分析方法，可以让分析更加高效。

（一）对比法

对比法是最基本的数据分析方法，也是数据分析的“先锋军”，分析师在开展分析时，首先使用对比法，可以快速发现问题。对比法分为横向和纵向两个方向。

横向对比是指跨维度的对比，比如在分析企业销售业绩的时候，将不同行业的企业销售业绩一起进行对比，这样可以知道某家企业在整个市场的地位。如中国的500强企业排行榜单，就是将不同行业的企业产值进行对比。

纵向对比是指在同一维度进行对比，比如基于行业维度，制作钢铁行业的企业排行榜单；比如基于时间维度，将今天的销售业绩和昨天、上个星期同一天的销售业绩进行对比，可以知道今天的销售业绩的情况。

（二）拆分法

拆分法是最常用的分析方法之一，在许多领域应用非常广泛，杜邦分析法就是拆分法的经典应用。拆分法是将某个问题拆解成若干个子问题，通过研究该若干子问题，从而解决问题。比如在研究销售业绩下降问题时，可以将销售业绩问题拆分成转化率、客单价和访客数这3个子问题，通过分析这3个子问题，从而解决销售业绩问题。

（三）排序法

排序法是基于某一个度量值的大小，将观测值递增或递减排列，每一次排列只能基于某一个度量值。排序法是从对比法中衍生的一种常用方法，百度搜索风云榜、淘宝排行榜等业内知名榜单就是重度采用排序法的产品，通过排序后的榜单，让用户快速获取目标价值信息。

（四）交叉法

交叉法是对比法和拆分法的结合，是将有一定关联的两个或以上的维度和度量值排列在统计表内进行对比分析，在小于等于三维的情况下可以灵活使用图表进行展示。当维度大于三维时，选用统计表展示，此时也称为“多维分析法”。比如，在研究市场定价时，经常将产品特征和定价作为维度，销售额作为度量值进行分析。

（五）降维法

降维法是在数据集字段过多时，分析的干扰因素太多，通过找到并分析核心指标，可以提高分析精度，或者通过主成分分析、因子分析等统计学方法将高维转变成低维。比如，在分析店铺数据时，根据业务问题的核心，提取主要的 2~4 个核心指标进行分析。

（六）增维法

增维法是在数据集的字段过少或信息量不足时，为了便于业务人员分析，通过计算衍生出更加直观的指标。比如在分析关键词时，将搜索人气除以商品数量得到一个新的指标，定义为关键词的竞争指数。

（七）指标法

指标法是分析的基本方法之一，通过汇总值、平均值、标准差等一系列统计指标研究分析数据。指标法更适合用于多维的数据。

（八）图形法

图形法是分析的基本方法之一，通过柱形图、折线图、散点图等一系列统计图形直观地研究分析数据。图形法适合用于低维的数据。

四、常用的数据分析软件介绍

“工欲善其事，必先利其器”。说起来道理大家都懂，只是到了要学习的时候就开始各种退缩。殊不知，一款好的数据分析工具可以让你事半功倍，瞬间提高学习工作效率。

虽然数据分析的工具千万种，但综合起来万变不离其宗，无非是数据获取、数据存储、数据管理、数据计算、数据分析、数据展示等几个方面。而 SAS、R、SPSS、Python、Excel 是被提到频率最高的数据分析工具。那么，这些工具本身到底有什么特点呢？

（一）Excel

Excel 是微软公司 Office 系列办公软件的组件之一，它是一个功能强大的电子表格程序，可以进行各种数据的处理、统计分析和辅助决策操作，广泛地应用于管理、统计、财经、金融等众多领域。

其主要优点如下。

1. 数据透视功能

一个数据透视表演变出十几种报表，不费吹灰之力。一个新手，只要认真使用向导，1~2 个小时就可以上手操作。

2. 统计分析

统计分析其实包含在数据透视功能之中，但是非常独特，常用的检验方式可以一键搞定。

3. 图表功能

这几乎是 Excel 的“独门武功”，其他程序难以望其项背。

4. 高级筛选

这是 Excel 提供的高级查询功能，而操作很简单。

5. 自动汇总功能

这个功能其他程序都有，但是 Excel 操作更加简便、灵活。

6. 高级数学计算

只要一两个函数就能轻松搞定。

Excel 作为一种文件管理方式，其操作简便，无须预先对数据结构进行分析，也无须事先定义数据结构，所见即所得，这是其优点。但是 Excel 也存在数据处理的不足：①缺乏安全性控制；②难以对数据的取值做出一定约束，数据完整性差；③无法解决关联数据的自动录入问题；④数据共享性差；⑤缺乏对大数据的处理能力。

（二）SAS 软件

SAS 是全球最大的软件公司之一，是由美国北卡罗来纳州立大学 1966 年开发的统计分析软件。SAS 把数据存取、管理、分析和展现有机地融为一体。

其主要优点如下。

1. 功能强大，统计方法齐、全、新

SAS 提供了从基本统计数的计算到各种试验设计的方差分析、相关回归分析以及多变数分析的多种统计分析过程，几乎囊括了所有最新分析方法，其分析技术先进、可靠。其分析方法的实现通过过程调用完成，许多过程同时提供了多种算法和选项。

2. 使用简便，操作灵活

SAS 以一个通用的数据（DATA）步产生数据集，然后以不同的过程调用完成各种数据分析。

其编程语句简洁、短小，通常只需很少的几句语句即可完成一些复杂的运算，得到满意的结果。SAS结果输出以简明的英文给出提示，统计术语规范易懂，具有初步英语和统计基础即可。使用者只要告诉SAS“做什么”，而不必告诉其“怎么做”。

同时，SAS的设计，使得任何SAS能够“猜”出的东西，用户都不必告诉它(即无需设定)，并且能自动修正一些小的错误(例如，将DATA语句的DATA拼写成DATE，SAS将假设为DATA继续运行，仅在LOG中给出注释说明)。对运行时的错误，它尽可能地给出错误原因及改正方法。因而SAS将统计的科学、严谨和准确与便于使用者有机地结合起来，极大地方便了使用者。

3. 提供联机帮助功能

在使用过程中按下功能键F1，可随时获得帮助信息，得到简明的操作指导。

(三)R软件

R软件是一套完整的数据处理、计算和制图软件系统。

其主要优点如下：①数据存储和处理系统；②数组运算工具(其向量、矩阵运算方面功能尤其强大)；③完整连贯的统计分析工具；④优秀的统计制图功能。

R软件具有简便而强大的编程语言，可操纵数据的输入和输出，可实现分支、循环，用户可自定义功能。

与其说R是一种统计软件，还不如说R是一种数学计算的环境，因为R并不是仅仅提供若干统计程序，使用者只需指定数据库和若干参数，R便可进行一个统计分析。

R的思想是，它可以提供一些集成的统计工具，但更关键的是，它提供各种数学计算、统计计算的函数，从而使使用者能灵活、机动地进行数据分析，甚至创造出符合需要的新的统计计算方法。

该语言的语法表面上类似C语言，但在语义上是函数设计语言(functional programming language)的变种，并且和Lisp以及APL有很强的兼容性。特别的是，它允许在“语言上计算”(computing on the language)。这使得它可以把表达式作为函数的输入参数，而这种做法对统计模拟和绘图非常有用。

R是一个免费的自由软件，它有UNIX、LINUX、MacOS和Windows版本，都是可以免费下载和使用的。在R主页可以下载R的安装程序、各种外挂程序和文档。在R的安装程序中只包含了8个基础模块，其他外在模块可以通过CRAN获得。

(四)SPSS

SPSS是世界上最早的统计分析软件。

其主要优点如下。

1. 操作简便

SPSS 操作界面非常友好，除了数据录入及部分命令程序等少数输入工作需要键盘键入外，大多数操作可通过鼠标拖曳，点击“菜单”“按钮”和“对话框”来完成。

2. 编程方便

SPSS 具有第四代语言的特点，告诉系统要做什么，无需告诉它怎样做。只要了解统计分析的原理，无需通晓统计方法的各种算法，即可得到需要的统计分析结果。对于常见的统计方法，SPSS 的命令语句、子命令及选择项的选择，绝大部分由“对话框”操作完成。因此，用户无需花大量时间记忆大量的命令、过程、选择项。

3. 功能强大

SPSS 具有完整的数据输入、编辑、统计分析、报表、图形制作等功能，自带 11 种类型 136 个函数。SPSS 提供了从简单的统计描述到复杂的多因素统计分析方法，比如数据的探索性分析、统计描述、列联表分析、二维相关、秩相关、偏相关、方差分析、非参数检验、多元回归、生存分析、协方差分析、判别分析、因子分析、聚类分析、非线性回归、Logistic 回归等。

4. 数据接口

SPSS 能够读取及输出多种格式的文件。比如，由 dBASE、FoxBASE、FoxPRO 产生的 .dbf 文件，文本编辑器软件生成的 ASCⅡ数据文件，Excel 的.xls 文件等，均可转换成可供分析的 SPSS 数据文件。能够把 SPSS 的图形转换为 7 种图形文件。结果可保存为 txt 及 html 格式的文件。

5. 模块组合

SPSS 软件分为若干功能模块，用户可以根据自己的分析需要和计算机的实际配置情况灵活选择。

6. 针对性强

SPSS 针对初学者、熟练者及精通者都比较适用，并且很多群体只需要掌握简单的操作即可分析。

（五）Python

Python 是一种面向对象、解释型计算机程序设计语言。Python 语法简洁而清晰，具有丰富和强大的类库。它常被昵称为“胶水语言”，能够把用其他语言制作的各种模块（尤其是 C/C++）很轻松地联结在一起。

常见的一种应用情形是，使用 Python 快速生成程序的原型（有时甚至是程序的最终界面），然后对其中有特别要求的部分，用更合适的语言改写，比如，3D 游戏中的图形渲染模块，性能要求特别高，就可以用 C/C++重写，而后封装为

Python 可以调用的扩展类库。需要注意的是，在使用扩展类库时，可能需要考虑平台问题，某些可能不提供跨平台的实现。

其主要优点如下。

1. 简单

Python 是一种代表简单主义思想的语言。阅读一个良好的 Python 程序就感觉像是在读英语一样。它使你能够专注于解决问题，而不是去搞明白语言本身。

2. 易学

Python 极其容易上手，因为 Python 有极其简单的说明文档。

3. 速度快

Python 的底层是用 C 语言写的，很多标准库和第三方库也都是用 C 语言写的，运行速度非常快。

4. 免费、开源

Python 是 FLOSS(自由/开放源码软件)之一，使用者可以自由地发布这个软件的拷贝、阅读它的源代码、对它做改动、把它的一部分用于新的自由软件中。FLOSS 是基于一个团体分享知识的概念。

5. 高层语言

用 Python 语言编写程序的时候无需考虑诸如如何管理你的程序使用的内存一类的底层细节。

6. 可移植性

由于其开源本质，Python 已经被移植在许多平台上(经过改动使它能够工作在不同平台上)。

7. 解释性

一个用编译性语言比如 C 或 C++写的程序，可以从源文件(即 C 或 C++语言)转换到一个计算机使用的语言(二进制代码，即 0 和 1)。这个过程通过编译器和不同的标记、选项完成。运行程序的时候，连接/转载器软件把程序从硬盘复制到内存中并且运行。而 Python 语言写的程序不需要编译成二进制代码，可以直接从源代码运行程序。

8. 易移植

在计算机内部，Python 解释器把源代码转换成字节码的中间形式，然后再把它翻译成计算机使用的机器语言并运行。这使得 Python 使用起来更加简单，也使得 Python 程序更加易于移植。

9. 面向对象

Python 既支持面向过程的编程，也支持面向对象的编程。在面向过程的语言中，程序是由过程或仅仅是可重用代码的函数构建起来的；在面向对象的语言中，程序是由数据和功能组合而成的对象构建起来的。

10. 可扩展性

如果需要一段关键代码运行得更快或者希望某些算法不公开，可以部分程序用C或C++编写，然后在Python程序中使用它们。

11. 可嵌入性

可以把Python嵌入C/C++程序，从而向程序用户提供脚本功能。

12. 丰富的库

Python标准库确实很庞大。它可以帮助处理各种工作，包括正则表达式、文档生成、单元测试、线程、数据库、网页浏览器、CGI、FTP、电子邮件、XML、XML-RPC、HTML、WAV文件、密码系统、GUI(图形用户界面)、Tk和其他与系统有关的操作。这被称作Python的"功能齐全"理念。除了标准库以外，还有许多其他高质量的库，如wxPython、Twisted和Python图像库等。

13. 规范的代码

Python采用强制缩进的方式，使代码具有较好的可读性。而Python语言写的程序不需要编译成二进制代码。

第六章　数据可视化

想一想，在大数据没有出现之前，已经有很多对数据加以可视化的经典应用，比如股市里的K线，其试图以可视化的方式来发现某些规律。信息可以用多种方法来进行可视化，每种可视化的方法都有不同的着重点，特别是在大数据时代，当你打算处理数据时，首先要明确并理解的一点是：你打算通过数据向用户讲述怎样的故事，数据可视化之后又在表达着什么，通过这些数据，能为你后续的工作做哪些指导性工作，是否能帮观者准确地抓住重点，了解行业动态。了解这一点之后，你便能选择合理的数据可视化方法，高效传达数据。当我们能够充分理解数据，并能够轻易向他人解释数据时，数据才有所价值。我们的读者可以通过可视化互动或其他数据使用方式来探寻一个故事的背后发生了什么，因此，数据可视化至关重要。

第一节　什么是数据可视化

一、数据可视化概述

数据可视化主要旨在借助图形化手段，清晰有效地传达与沟通信息。但是，这并不意味着数据可视化就一定因为要实现其功能用途而令人感到枯燥乏味，或者是为了看上去绚丽多彩而显得极端复杂。为了有效地传达思想观念，美学形式与功能需要齐头并进，通过直观地传达关键的方面与特征，从而实现对相当稀疏而又复杂的数据集的深入洞察。然而，设计人员往往并不能很好地把握设计与功能之间的平衡，从而创造出华而不实的数据可视化形式，无法达到其主要目的，也就是传达与沟通信息。

数据可视化与信息图形、信息可视化、科学可视化以及统计图形密切相关。当前，在研究、教学和开发领域，数据可视化乃是一个极为活跃而又关键的方面。“数据可视化”这一术语实现了成熟的科学可视化领域与较年轻的信息可视化领域的统一。

二、数据可视化分类

数据可视化可分为4个类型，分别为科学可视化、信息可视化、数据可视化和知识可视化。

(一)科学可视化

数据可视化可以追溯到20世纪50年代计算机图形学早期。当时，人们利用计算机创建了首批图形图表。1987年，由布鲁斯·麦考梅克、托马斯·德房蒂和玛克辛·布朗所编写的美国国家科学基金会报告*Visualization in Scientific Computing*(意为《科学计算之中的可视化》)，对这一领域产生了大幅度的促进和刺激。这份报告强调了新的基于计算机可视化技术方法的必要性。随着计算机运算能力的迅速提升，人们建立了规模越来越大，复杂程度越来越高的数值模型，从而造就了形形色色体积庞大的数值型数据集。同时，人们不但利用医学扫描仪和显微镜之类的数据采集设备产生大型的数据集，而且还利用可以保存文本、数值和多媒体信息的大型数据库来收集数据。因而，就需要高级的计算机图形学技术与方法来处理和可视化这些规模庞大的数据集。短语“Visualization in Scientific Computing”(意为“科学计算之中的可视化”)后来变成了“Scientific Visualization”(即“科学可视化”)，而前者最初指的是作为科学计算组成部分的可视化，也就是科学与工程实践中对计算机建模和模拟的运用。

科学可视化是指通过将图形学、计算机学和数学的理论和技术相融合，把在科学生成与工程计算等行为中产生的海量数据转化为更利于理解的图形、图像，用简洁易懂的表达形式呈现出来。其常以三维立体图形出现，多应用于医学、气象学、生物学等学科。

(二)信息可视化

更近一些时候，可视化也日益尤为关注数据，包括那些来自商业、财务、行政管理、数字媒体等方面的大型异质性数据集合。20世纪90年代初期，人们发起了一个新的称为信息可视化的研究领域，旨在为许多应用领域中抽象的异质性数据集的分析工作提供支持。因此，21世纪，人们正在逐渐接受这个同时涵盖科学可视化与信息可视化领域的新术语——数据可视化。

信息可视化是将电脑与人脑这两个高速运行、功能完备的信息处理器相互连接融合，借助计算机进行辅助，将非结构化的数据集合转化得有结构层次和逻辑规律，把抽象难辨的数据变成易于视觉接受的可视化形式，进而利用人类对视觉形象能更快分辨的特性，发现隐藏于数据底下的问题，找出事物之间的联系以及未来的发展趋势。

(三)数据可视化

一直以来，数据可视化就是一个处于不断演变之中的概念，其边界在不断扩大。数据可视化指的是技术上较为高级的技术方法，而这些技术方法允许利用图形、图像处理、计算机视觉以及用户界面，通过表达、建模以及对立体、表面、属性以及动画的显示，对数据加以可视化解释。与立体建模之类的特殊技术方法相比，数据可视化所涵盖的技术方法要广泛得多。

(四)知识可视化

知识可视化指的是一切能够帮助建构、解释和记忆复杂知识的图解形式。除了传达图形表面呈现的信息之外，知识可视化更致力于传达观点、想法、态度和价值观，传授经验、能力、技巧，通过这种方式帮助他人准确地重组、构建、学习并应用这些知识。

通过区别这 4 种可视化类型，本书总结出以下表格。从表 6-1 中可以看出，科学可视化与知识可视化和新闻传播领域交集较少，在此不多做赘述。而数据可视化和信息可视化则更接近数据新闻的呈现方式。

表 6-1 数据可视化分类

类别	科学可视化	数据可视化	信息可视化	知识可视化
可视化对象	科学与工程计算等产生的数据	具体数据或统计结果	非结构性的抽象数据	见解、经验、态度等复杂知识
可视化目的	将数据转换为图形、图像，使数据更直观	将具体数据以直观的方式表现出来	从抽象数据中发现数据背后的联系与信息	帮助他人更方便地解构、重组、学习和应用知识
可视化方式	三维立体图	计算机图形、图像	计算机图形、图像	绘制的草图、知识图表、视觉隐喻
交互类型	人机交互	人机交互	人机交互	人人交互

数据可视化和信息可视化在研究数据新闻过程中均经常看到。从广义上看，数据是数字、文字、图画、声音和活动图像等对客观事物的记录，而信息则是对人们有意义的数据，数据包含信息。但是数据可视化和信息可视化并非包含与被包含的集合关系，从前文二者的定义可以看出，数据可视化对象侧重结构性的数值型数据，而信息可视化对象则主要为非结构性的抽象数据。数据可视化与信息可视化的根本区别在于数据是否非数值型。然而，数据新闻内容包罗万象，处理对象也是既有结构性数据又有非结构性的信息，最终呈现的可视化效果也会有不同形态，因此，笔者认为，研究数据新闻领域的可视化问题，既包括数据可视化，也包括信息可视化，根据具体的数据新闻内容来确定是哪种可视化类型。因为这两种类型可视化对象均为数据，有时也泛称“数据可视化”。

综上所述，数据新闻可视化，是“使用前沿的计算机网络程序技术和图像处理技术，将新闻数据转变成数据图像在屏幕上展现出来的方法。经过对新闻事件的图像化处理，新闻报道不再通过文字形式出现在受众面前，而是通过可视化的方法向受众传递极具视觉冲击力的新闻报道”。

第二节　数据的呈现方式

一、数据的呈现方式——可视化与信息图

可视化对应着两个英文单词：Visualize 和 Visualization。前者在语义上是动词，即“产生契合人类感官”的影像，数据以可视化元素来传播。第二个词表名词，含义是指“某些事物可以被观察到的动作或事件”，表明的是对某些原本不能被察觉的事物在人类感官中产生可被感受的图形的流程或者方法，所以它也用来表现对目标物体展开可视化的成就。可视化现在已然成长为一种使用微机图形学和图像处理方法，将数据变化为图形或图像在荧屏上展示，同时开展交互处理的理论、技巧和方法。它与图形学、图像分析、微机视觉、智能辅助设计等多个领域交叉。

如果要充分理解可视化，就必须将它和另外一个极易混淆的名词加以区分，这就是信息图(information graphic，简称 infographic)。狭义上的信息图，是将数据和工业设计进行融会贯通的图，将数字类和文本类的数据形象化、可视化的一种方法。

(一)可视化与信息图的关系

作为数据呈现的两种方式，信息图与可视化没有明显的分界线。狭隘地看待可视化，非常容易将它和信息图画上等号，它们之间的差异与联系主要表现在以下几个方面。

第一，涵盖范围不同。从广义的可视化概念看，信息图涵盖于可视化范畴之内，然而可视化并不仅限于图形，它的外延更为广泛。当下，为了更好地挖掘、呈现和传达信息，人们正在利用各种手段和方法扩展可视化的实现形式。

第二，关注对象不同。信息图和数据可视化的区别就在于它们各自关注的对象有所不同，信息图处理的是“信息”，这些信息并不总是以数据的方式呈现，而数据可视化需要解决的是“数据”，同时偏向于对数据的结构化表达。

第三，应用目的不同。信息图的产生与使用源于设计领域对信息传播的包装和设计的需要，而数据可视化的兴起不仅是为了对数据信息进行包装和设计，更大程度上是出于对数据信息进行探索和研究的目的，二者在这一点上存在明显差别。

第四，实现手段不同。可视化是按照某种有规则逻辑可循的计算机程序生成的图形或图像。信息图则是指为某组或者某类型的数据专门生成的图形或图像，它具有排他性和独立性，只在特别指定的某种类型数据上，毫无规则或规律可以参照，因

此也就不能凭借单个可视化程序再实践在其他类型数据上。和具体的信息图相比较，可视化可以随着内容变化而发生变化，形成相应图像，而信息图则是相对稳定的。

（二）信息图的分类

信息图的分类方式琳琅满目，分类方式也各有不同。2004 年，美国学者道格·纽瑟姆将信息图表分为图表（charts）、表格（tables）、地图（maps）、图形（graphs）、图解（diagrams）、名单（list）等六大类。Edward Tufte 以信息图的表现方式为分类依据，把信息图分为地图交互图、时间线、时空数据图和雷达图等四类。然而随着数据可视化理念与交互技术的不断更新，这些划分方式极大地束缚了人们对可视化的理解。综合国内外学者的研究，本书从信息和互动两个维度出发，对信息图的分类进行归纳整合，根据这两个参照维度，本书将信息图划分为以下几类。

1. 静态信息图

这类信息图通常用于固定的信息，用户浏览和阅读时显示的是静止图像。在进行新闻叙事时最适合使用，某些情况下也可应用于研究类信息。静态信息图是利用信息进行可视化设计时最普遍的表达方式，是否采用静态信息图，往往需要根据信息的变更频率和用户交互程度加以判断。静态信息图的优势可以概括为以下两个方面。

第一，制作难度低。相对于交互式信息图来说，创建静态信息图是相对容易的，尤其适用于阐释当下敏感的内容或重大新闻。这种便利性也使得制作静态图的成本较制作动态图与交互信息图要低得多。

第二，适用周期长。静态信息图的数据通常不需要频繁更新，尽管有些信息内容可能会过时，但是绝大多数静态信息图具有长期价值。在现实生活中，很多数据的更新周期较长，例如，在我国，人口普查数据每过 10 年才会更新一次。某些概念或者事物在短期内不会发生重大变化，据此制作的静态信息图在短期内仍然具备参考价值。

然而对于某些使用静态信息图的报告来说，面临的最大挑战是信息的更新速度太快，比如需要定期更新的静态信息图，就需要安排人力手动修改数据，信息图的使用价值因此大打折扣。

2. 动态信息图

与只限于静态的传统信息图相比，动态信息图将视觉与听觉结合于一体，在设计中加入了声音和动画效果，使得画面更生动、有趣，更易吸引受众的注意力并留下深刻影响。此外，动态信息图对信息逻辑关系的提前设计和对非线性编辑技术的运用，减少了受众的理解时间，增加了信息传递量，从而提高了信息传递效率。如图 6-1 所示，这是一个名为亚特兰蒂斯的世界展览会（Atlantis World's Fair）的信息图。它就是典型的动态信息图，用户利用鼠标的上下滑动功能，可以改变潜水仓的位置，从而使用户了解在海洋不同深度的水生生物的分布状况。和静态信息图不同，如果无法与信息内容相组合，动态信息图很难应用于研究类信息。动态信息图在叙事模式和数据传达两个方面具备明显的特点。

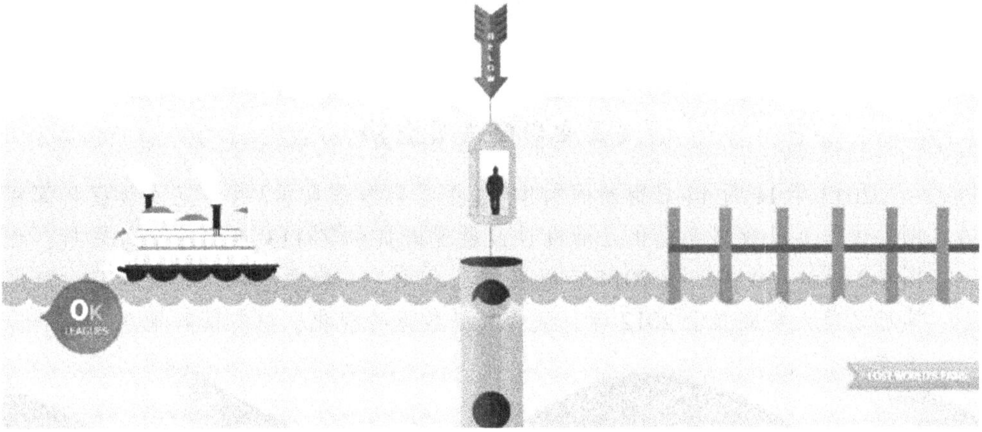

图 6-1　动态信息图案例

在叙事效果方面，动态信息图可以实现线性叙事。它以线性的方式来呈现叙事内容。因此，受众不需要像观察静态信息图一样，时时刻刻主动地选择需要的信息。信息传递借助于多媒体渲染。动态信息图能够通过背景音乐引发受众的情感共鸣，同时透过声音和移动的影像传达信息，将信息传播和人类认知与感知能力相结合，形成一种极具感染力的信息传递方式。不过考虑到制作动画短片以及后期的修改，动态信息图制作非常耗时、成本非常昂贵，因此使用固定的信息进行传递是非常必要的。

动态信息和静态信息的根本差异在于时间。首先，根据定义，静态信息中的时间是固定的，其中的视觉内容无法变动，但是动态信息却可以随着时间的变化而变化；其次，静态信息以“快照”的模式存在，而动态信息则具有可操作性。动态信息图作为传统叙事题材的首选，包含的交互方式有限，例如播放、暂停、倒退、快进等。因此，交互式信息图更适合展示动态信息，同时，使用者可以根据自己的需求进行自主操作，从而找到符合个人期望和蕴含重要内容的信息。

3. 交互式信息图

如果说传统信息图依然停留在依靠印刷媒介的静态表现形式上，那么现代信息图既可以是印刷媒介形式的静态平面图，也可以是通过媒体软件制作更富于艺术表现力的动画视频，还可以是让受众参与互动的交互式信息图。

随着 HTML5、CSS3、JS 等得到更加广泛的应用，在网页上加入含有互动式内容的交互式信息图逐渐流行起来。交互式信息图是一种通过丰富的多媒体手段，把非空间的、抽象的信息内容通过视觉表达的形式展现出来。交互式信息图增加了受众主动参与的互动设计环节，人们可以根据自身需要选择性地获取相关信息，这样不但增加了趣味性，还体现了以人为本的设计理念。

【案例】

《星空彩绘诺贝尔》①

2013 年 11 月 14 日财新网制作了《星空彩绘诺贝尔》的交互式数据新闻视图。该作品以数据可视化互动设计，展现诺贝尔奖 113 年的历史与发展，如图 6-2 所示。作品入围 2014 年凯度信息之美——数据可视化设计大奖。凯度信息之美大奖成立于 2012 年，致力表扬数据可视化、信息图和信息艺术的优秀作品。

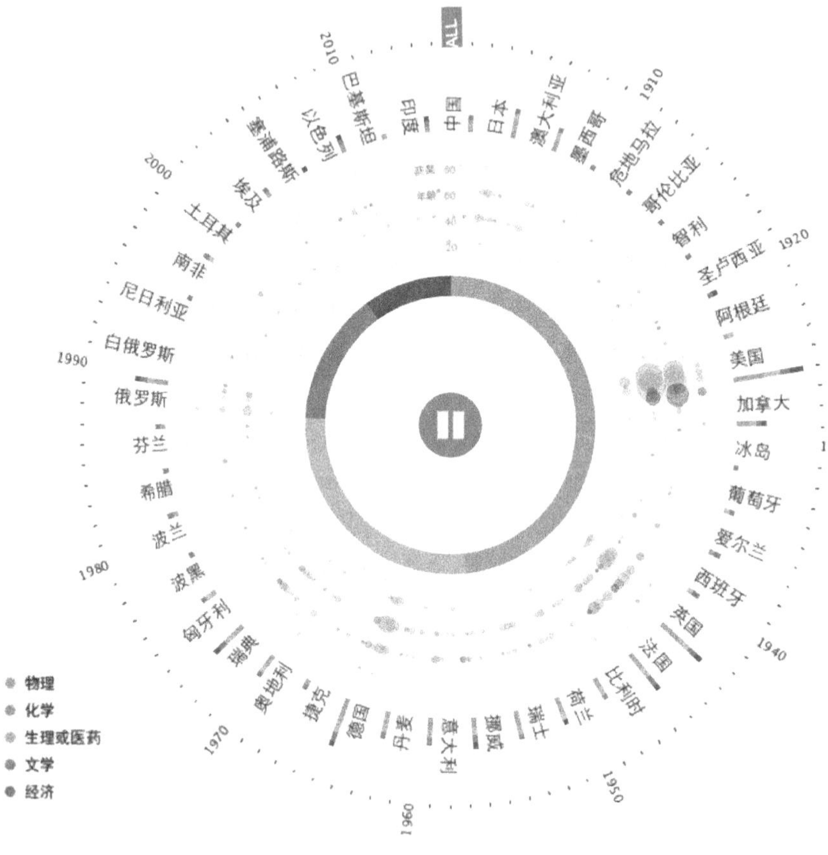

图 6-2　星空彩绘诺贝尔

① 财新网. 星空彩绘诺贝尔[EB/OL]. http://datanews.caixin.com/2013/nobel/index.html.

1. 数据来源

2012 年，莫言获得诺贝尔文学奖，打破了中华儿女无本土诺贝尔文学奖的局面，这一事件一时引发了民众对诺贝尔奖的关注。为了向受众清晰地展现诺贝尔奖 100 多年的发展与历史，财新网确定了做这样的一个选题。历年诺贝尔获奖人物及作品，包括获奖者的国籍等信息都是可以公开查询到的数据，涉及一个问题，就是人工统计的话，工作效率较低，错误率也不可避免。因此，此次作品的数据采集主要是通过脚本来抓取。由于世界大战的影响，诺贝尔奖的数据在 1900 年和 1940—1942 年这两个时段有缺漏，所以这两个时段在数据呈现环节做了特殊处理。

2. 作品设计

整个作品以 3 部分来呈现诺贝尔奖的历史和发展：百年诺奖、关于诺奖、诺奖之最。最主要的第一部分的结构是以时间线为导向，分别展示各年份的获奖作品，该年各奖项获奖比例、该年各国各奖项获奖比例、该年各国按获奖年龄分布的获奖人。

此外，获奖人的数据基本包含照片、名字、英文名、性别、获奖年龄、国家、奖项等信息。此次作品的设计者财新网视觉设计师任远介绍道，这个作品的设计是经过不断修改的，综合考虑了用户的视觉体验和交互设计美感等相关因素。他首先针对 3 个主要类别——获奖年龄、国家、奖项设计了位置、颜色的 3 种视觉通道。考虑到诺贝尔奖包括的数据量较大，确定用散点图的结构会比较直观，一般来说，如果数据集中包含非常多的点(例如，几千个点)，那么散点图便是最佳图表类型。并且在散点图有多个序列时，可以考虑把散点图设计成圆形、菱形等多种图像的样式来呈现。根据整理得到的二维表格中，获奖者国家的列表项达 40 多个，如果采用传统的横向和纵向的散点图，会超出界面边界而显得很混乱，最后，决定把散点图折成圆形来表现。把圆的半径用来表示获奖者的年龄，对应圆心的角度表示国家，并用颜色来区分获奖的类别。再加上外围的一层时间轴就构成了基本的数据图。这样的话，读者可以通过鼠标点击圆心就可以看到外围时间轴对应的这段时间获奖的国家名称，半径的大小相对应可以看到获奖者的年龄阶段。在这个过程中，设计者体验发现，因为关于国家的数据较多，而外围获奖时间段较为稀疏，考虑到越靠近圆心等分的面积越小，给读者阅读体验不太好，视觉效果也不佳。所以他决定把它往外拉出来一些，就变成了环形的散点图。经过 6 个版本的不断调整，把环形分为上、下、左、右四个部分，上、下用竖排文字，左、右用横排文字，文字的排列遵循从左到右和从上到下的顺序，排列方式主要是基于中文字体比较显方形，这次的构图看起来比较舒服。最后呈现给我们的可视化散点图就基本做到可观性与实用性并存。

这个数据存在两个空白点需要进行特殊处理，主要是因为受第一次世界大战和第二次世界大战的影响，诺贝尔的数据在1900年和1940—1942年两个年份段出现了空缺。所以当移动时间线的时候会发现，数据图右侧会出现两次人物列表空白。为了保持画面元素平衡，在1900年时，设计者决定使用诺贝尔头像和文字标题来填充空白；为了避免重复，第二次世界大战期间，则用坦克和文字标题替代右侧的空白；两处都用少面积的蓝色插画风格来表现，和左侧的环形数据图相应和，保持画面色彩平衡。

第二部分主要是关于诺贝尔奖的简要介绍，用静态式的图表梳理了百年来获诺贝尔奖的领域、年龄段、男女比例、人种等信息。沿用圆形的比例图和第一部分的星空图保持一致，进一步补充了前一部分未能完整呈现的内容，如图6-3所示。

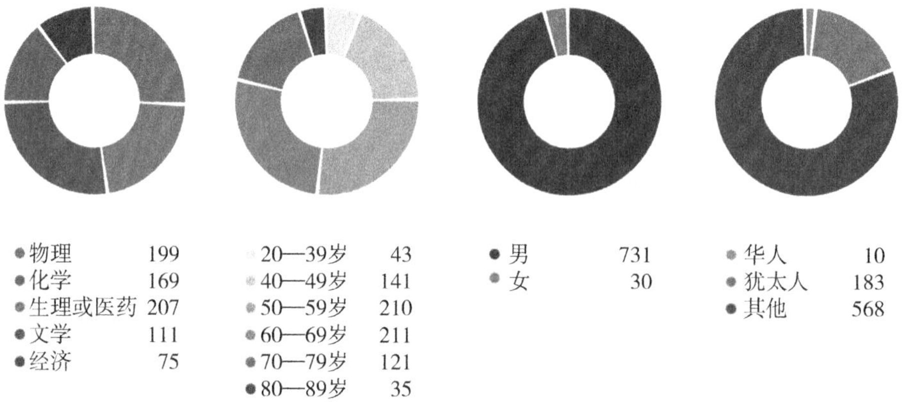

图6-3　关于诺贝尔奖介绍的图表

第三部分叫诺奖之最，这部分主要是呈现通过数据显示出来的一些比较有关联性的信息。这样的数据呈现很容易吸引受众的眼球，包括获奖中年龄最大的与最小的人、曾两次获奖的人，还有获奖人员中属于同一家族的人员等，如图6-4所示。

图6-4　诺贝尔奖之最

3. 互动功能

作品最外围的虚线就是时间线，鼠标点击每个时间点，就可以在右边看到当年相应的5个领域获奖者的照片、获奖年龄、国籍等相应的信息。对诺贝尔颁奖的5个领域：物理、化学、生理或医学、文学和经济主要是通过颜色来区别。每个年份获奖的领域和国籍通过点击作品会以散点图的形式表现。这样，读者对某个年份哪个国家在哪个领域获得的奖项最多的信息一目了然，因为不同颜色在每个位置的密度很直观地表现了出来。

【案例】

《青岛中石化管道爆炸事故》①

2013年11月22日，位于山东青岛黄岛区的斋堂岛街发生了一场惊天爆炸，共计造成62人死亡、136人受伤。这次灾难造成严重的经济财产损失，夺取了鲜活的生命，引起了社会舆论的高度关注。

1. 数据来源

依据可视化图表的分类，这个交互式作品显然是属于数据地图的类型。"数据是指科学实验、检验、统计等所获得的和用于科学研究、技术设计、查证、决策等的数值，也指存储在某种介质上能够识别的物理符号，这是百科对数据的定义。"我们很容易把数据与数字等同，其实数据新闻中的数据可以理解为信息的组合，其中就不单单包括数值，还有图片、地点、音频、视频等各种信息符号，都可以被用于制作数据新闻的信息。这次的数据基本是记者当天赶到现场拍回来的现场照片和视频等。然后根据拍摄照片时的GPS定位把照片放到了Google地图上，就形成了这样的作品。

2. 作品设计

这个可视化地图从财新网确定选题到最终上线，花了24小时。因为涉及的新闻事件较为沉重，话题很严肃，所以整个作品主要是突出实用性功能，基本没有任何装饰性元素。作为数据地图图表类型，最常用的表现手段也能帮助读者快速、直接地理解数据，表现内容的方式就是直接把与地理位置有关的属性、指标以及记者在地面采集到的数据、图表等直观地反映在地图上，数据地图在呈现上又分为电子地图和卫星地图两种方式。

简单来说，卫星地图即为实物图，像素高，受众可以通过鼠标直接放大，也可查看任何地理位置，根据不同缩放比例添加不同的信息图层，有利于清晰

① 财新网"数字说".青岛中石化管道爆炸事故[EB/OL].http://datanews.caixin.com/2013-11-24/100608929.html.

地了解整个地理位置。首先是把前方记者获取的采访文字、图片音频等信息，通过引导及交互两个界面，以可视化的方式呈现了事态进展，尤其是以卫星定位技术，标记了输油管道、损坏管道、爆炸标记点、死亡标记点、地点标记点。当切换到卫星图时，受众可以看到采用和交通信号灯一样的红、黄、蓝颜色来标记死亡、爆炸等标记点。这样的颜色搭配也主要是考虑到受众的阅读体验，尤其是对色盲读者来说很关键。

红色标记点为爆炸中心，底下这一片都是居民区，下面密密麻麻白色的东西都是油罐子。这些元素在右侧的图例上都有相关说明，基本一看就明白。另外，地图上面还有一些红色的小球，上面标了一些数字，表示的是记者在这个地方拍摄到的新闻照片，数字代表拍的照片的数量。鼠标点击，右侧方就显示了记者在这个点拍的现场照片。另外，还可以看到用灰色标注的死亡标记点，据悉，财新网记者一一排查和根据媒体报道整理出44位死难者档案。调查结果表明，事故原因是中石化工东黄输油管道泄漏，原油进入市政排水暗渠，在形成密闭空间的暗渠内，油气积聚遇火花发生爆炸。当读者点击这些密布点时，生命安全体验更为直观。

3. 互动功能

交互式数据地图的特点就可以给受众直观的现场体验，在这个作品中，读者通过点击事故现场照片和死亡标记点，就可以看到就在那个地点一栋楼房顷刻化为乌有，就在那个点一个生命消失了，采用这样的呈现方式带给读者的震惊和现场感应该更加强烈。据悉，图中其中的一张照片是在事故发生前3个小时拍的，有工人就在那里修补，拍照片的人拍完照片以后就离开了工地，其他人还继续工作，后来照片里的人差不多全部遇难了，而那就是他们最后一张照片。其实这张照片还可以作为一篇文字性报道的切入点，展开后续的深入报道。从中可以看出，可视化数据新闻的互动也不应该局限于增加读者在画面上的主动选择性，或许还可以做到在互动呈现中展现新闻的人文关怀。

二、数据新闻可视化的常用表现形式

同样的一组数据可以有不同的阐释和解读，不同的新闻机构在生产新闻时采取不同的生产可视化新闻的方式，围绕一个数据或主题，给予不同角度的数据解读，数据新闻可视化的呈现足以让一个新闻题材更具吸引力。现今的数据新闻可视化的常用表现形式大致有以下几种。

（一）数据地图

数据地图是将数据整合添置在地图等空间坐标上，通过图钉式定位、颜色改变等形式对地图上空间范围进行标注，使人们对整个地区的数量、质量等高低变化的数据有更清晰的了解和认知。尤其在面对复杂时局无从着手时，数据地图无疑成为一种为人们认识事件提供全局视角的可视化新形式，诸如战乱问题、自然灾害问题、政治争论问题等，可以全面展示事件弊端，帮助人们分析问题，并提出解决问题的潜在途径。数据地图的优势在于，非常形象地展现数据新闻基于地理或空间上的分布状况，将数据与时间、空间建立起联系。能够宏观、直观地显示出地理位置与数据之间的关联。

例如，在2016年美国总统大选中，民众对参选总统的支持情况成为关注焦点。《华盛顿邮报》根据在佛罗里达州一个商业机构的民意调查，制作了一篇《一张共和党人面临重大选举问题的地图——与唐纳德·特朗普无关》的数据新闻，将调查结果用数据地图展示出来，通过简单清晰的数据地图与少许文字，读者即可了解某一地区支持总统候选人的情况。

（二）时间线

时间线基于时间顺序呈现事物发展变化轨迹的可视化形式，在表现数据在时间维度的演变过程中有重要作用。通过将新闻事件的相关信息，如发生时间、发生地点、事件原因、事件发展过程等描述制作成表单文件，再使用专门的软件制成。在新闻报道中，如果记叙新闻事件的发展时间跨度较大、历时的事件繁杂时，传统的新闻叙事就显示不出它的宏观报道力。对于这种事件众多、跨度时间长的新闻来说，可以使用专门的基于时间顺序的交互式可视化工具。用户拖动时间轴，就可以看到与此时间相关的详细信息，不仅使新闻事件具有纵深感和历史感，还能让受众"玩转"新闻，增强受众的参与感。

【知识拓展】

150年前，他对拿破仑做数据可视化

对时间线的可视化绘制，最早可追溯到1861年米纳德绘制的拿破仑进攻俄国的地图，即在一幅地图上通过时间轴来还原事物的演变过程。法国工程师查尔斯·约瑟夫·米纳德（Charles Joseph Minard）绘制了一幅数据统计图表：《1812—1813年对俄战争中法军人力持续损失示意图》。此图将法军东征俄国的过程，精确而巧妙地通过数据可视化的方式展现出来，被后人评价为：可能是史上最棒的统计图表。

米纳德在绘制过程中，将军队数量、进军的地理位置甚至是当时的温度等相关信息伴随着时间推移的趋势图在地图上展示得一览无遗，如图6-5所示。受众可以从地图上见证并还原拿破仑军队走向灭亡的过程。时间线将单一维度数据或多维数据呈现在图表中，因此也能够对比不同时间段的事物发展变化。

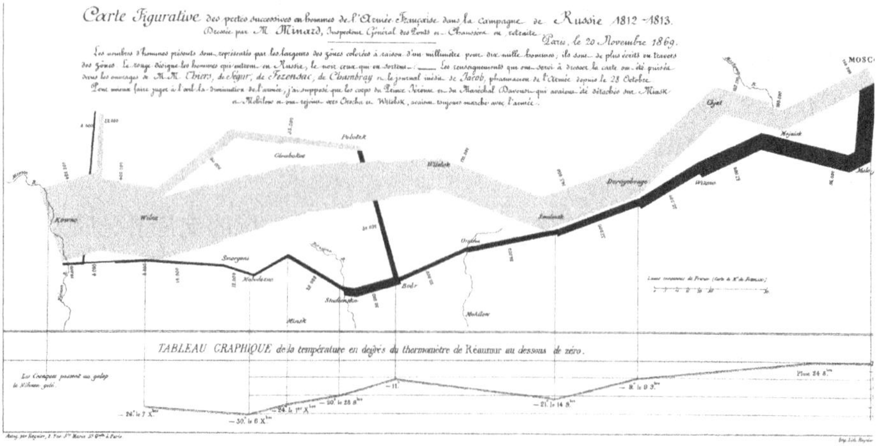

图 6-5　米纳德:《1812—1813 年对俄战争中法军人力持续损失示意图》

想想平常我们在 Excel 表格里做一张表，可以展示多少信息？而米纳德在这幅平面图，呈现了 6 个维度的信息：

①拿破仑军人数；

②距离；

③温度；

④经纬度；

⑤移动方向；

⑥时—地关系。

仅凭这一张图，就能让人直观感受到拿破仑的 40 万大军如何在长途跋涉和严寒之中逐步溃散，不禁让人赞叹，150 年前的“古人”就已经绘制出了如此具有极高水准的图表。

(三)气泡图

气泡图将冰冷、乏味的数据表现得生动有趣，如果目标数据维度超过两个，可以尝试用气泡图将不同数据的维度映射到坐标轴上，通过形状、大小或颜色等元素展示。在众多报道类型中，财经新闻一般以“数据说话”，并且关心数据背后的发展趋势。但财经新闻中涉及的数据对一般用户来说只是数字的罗列，受众对数字背后的发展很难有直观上的理解。气泡图很好地解决了这个问题，将抽象的数据通过可视化图表展示出来，直观形象地体现发展趋势。

气泡图是一种反映事物发展及趋向的趋势图，不但具有炫目的视觉化效果，而且能够运用交互性的方式，调动受众的参与度。

【案例】

汉斯·罗斯林用气泡图告诉我们的《事实》

汉斯·罗斯林在大学授课的时候发现，大家对这个世界有很多误解，所以他将后半生致力于将真实信息传达给世界，并写了一本书，这本书叫作 *Factfulness: Ten Reasons We're Wrong about the World-And Why Things Are Better Than You Think*(简称《事实》)。

该书作者汉斯·罗斯林(Hans Rosling)是一位来自瑞典的临床医师、国际卫生领域的教授(professor of international health)以及公共教育家(public educator)，曾担任世界卫生组织(World Health Organization)和联合国儿童基金会(United Nations International Children's Emergency Fund，UNICEF)顾问。

事实上，数据学家可能是汉斯最为世人所知的身份了，他的一些 TED 演讲非常有名，2006 年的一次演讲在 TED 官网上已有 1200 多万播放量。国内最早关注大数据和可视化的一批专家、学者，应是很早就开始关注汉斯了。

汉斯团队曾经做过一个可视化作品小视频——"The River of Myths"。这个可视化作品展示了世界各国妇女平均生育婴儿的数量(babies born per woman)与儿童死亡率(child mortality)之间的关系，以及自 1963 年以来的变化趋势，这样的气泡图(bubble graph)是他们的标志。

汉斯团队还制作了一个可视化作品小视频，展示了 2017 年各国收入水平(income)与预期寿命(lifespan)之间的关系。

(四) 交互性图表

交互性的可视化新闻，不仅可以使受众点击图标，查询更详细的新闻信息，还能使受众从数据和新闻中找到属于自己的新闻故事，加强了宏大的新闻事件与个人的联系，这是传统媒体以及以往的新闻报道方式所达不到的。随着网络技术的发展，在交互性图表中添加地图、动画、音频、视频等都将成为数据新闻可视化的重要发展趋势，会越来越增强受众的阅读性、参与性和互动性。

例如，2016 年 5 月，《卫报》推出了《你的税金：2016 年联邦政府预算怎么支出你的钱?》的数据新闻报道。数据编辑制作了一个交互式图表，通过拉动数据条选定你的年收入，就可以显示应该缴纳的税金及税金在联邦政府预算中如何分配。

(五) 人物关系图

人物关系图能够帮助受众更清晰地了解人物之间盘根错杂的关系。近几年，在关系图的呈现中，应用最多的类型就是政治报道。如中国官员的仕途任职经历、亲人朋友的社会关系、各地政府机构之间的关系等，面对如此错综复杂、无限延伸、碎片化的关系，关系图无疑是最好的报道呈现方式。此外，加上交互性的元素，给了读者选择性浏览了解信息的权利，既不会因关系复杂使界面琐碎杂乱，也不会丢失相关信息，图片清晰简洁，便于受众了解。

关系图在构图配色方面的制作空间很大，不同色彩、不同形状将各个人物或分析维度加以区分，还能用色块颜色和大小对比罪行的严重程度等。通过关系图，可以帮助人们把事件的来龙去脉看得清清楚楚。

（六）数据动画

数据动画是运用创意的图形、有趣的叙述方式将数据信息编排为动画短片的表现形式，凭借其立体多维的信息展示以及强烈的感染力在数据可视化领域独领风骚。随着技术的普及，数据动画日益流行。

例如，美国国家公共电台（NPR）为了揭示世界人口几千年来的变化过程，利用自己视频制作的优势，以水来动态模拟这一过程。用放在不同柱子里不同颜色的水代表世界各大洲的人口总数，通过注水速度（代表出生率）和放水速度（死亡率）来展现世界人口的增减过程，如图 6-6 所示。

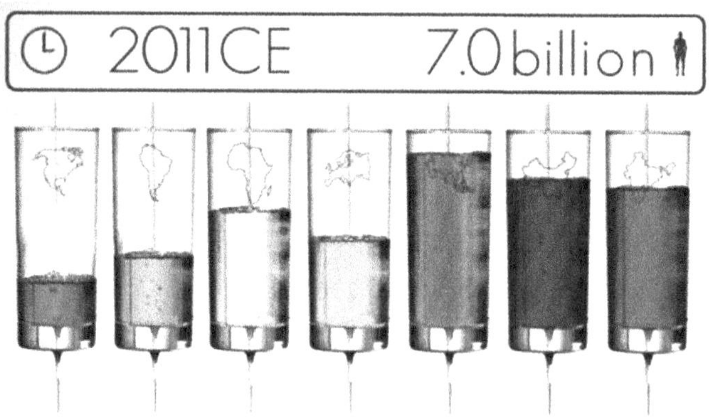

图 6-6　美国国家公共电台制作的演示世界人口变化的可视化新闻作品

第三节　数据新闻可视化的制作流程

数据新闻的可视化呈现过程是数据新闻制作流程的最后阶段，然而在现实研究中，很多人容易产生数据新闻的制作流程与新闻数据的可视化呈现过程相重合的错觉。数据新闻的可视化步骤并不包括数据的原始采集和分析阶段，因此，本节将着重阐述数据新闻制作流程的最后阶段——新闻数据的可视化呈现。当数据新闻制作团队完成新闻选题、数据采集、数据解读之后，就将进入数据可视化呈现阶段。在对多家新闻媒体的数据可视化呈现流程进行深入观察研究的基础上，结合相关学者研究成果，笔者总结出以下五大基本步骤，如图 6-7 所示。

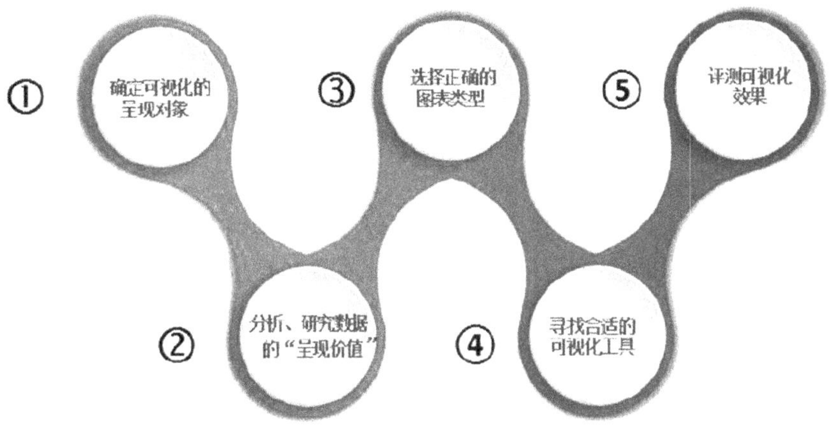

图 6-7　数据新闻可视化流程示意图

（一）确定可视化的呈现对象

作为数据新闻的重要呈现方式，数据新闻团队在预判适合通过可视化方式传播的新闻选题后，从数据的可读性出发确定呈现对象。总的来说，可视化的呈现目标包括适合可视化呈现的选题和公众难以理解的数据。适合可视化呈现的数据新闻具备以下两个特征：第一，选题中涉及的数据类型不应过度复杂，同时数据规模应当在可控范围之内，主要出于新闻时效性的考虑；第二，通过文字报道就可以向受众充分呈现数据、揭示报道主题的数据新闻不必选择可视化操作，而对受众理解相对困难的数据需要进行可视化呈现。

（二）分析、研究数据的“呈现价值”

当媒体选择通过可视化传播数据新闻时，就需要在数据新闻制作前期的数据分析基础上进一步研究和分析应用可视化的具体方法，因此，前期的数据分析重在挖掘数据所具有的新闻价值，而在可视化阶段，则侧重于分析数据的呈现价值。尽管数据新闻中涉及的数据往往体量巨大，但是可视化作品中所能呈现的数据相对有限，在对数据进行分析时，要注重研究以下两个方面的内容。

第一，分析数据变量的数目并研究相互关系。在可视化之前对可视化数据中的变量数目、变量与变量之间的关系以及呈现关系的手段进行研究，有助于下一步选择适宜的图表类型。

第二，观察并分析数据类型。常见的数据类型包括分类数据、时变数据和空间数据。分类数据可以直观呈现数据集的范围，对于厘清数值顺序和了解某事物各个组成部分的分布状况及整体结构模式具有重要意义；时变数据随时间变化而变化，这类数据可以呈现事物的变化趋势，探索事物变化规律，发现异常变化并揭示原因；空间数据与地理信息数据密切相关，具备层级结构，以地图形式实现可视化。

(三)选择正确的图表类型

由于媒体选题类型、数据类型、可视化目标、媒体自身资源、传播平台等方面存在差异，可视化呈现所匹配的数据图表各有不同，但是在国内大多数数据可视化方案中，静态图表是数据新闻可视化团队的首选，因此笔者就以它为例，详细阐释确定具体图表类型时的3个参照标准。

第一，数据差异。通过比较数据之间的差异，可以快速匹配正确的图表。在比较分类数据时，如果报道中只涉及单个变量，而数据类型相对较少时，可以选择使用柱形图或条形图，后者适宜展示大多数分类数据；当报道中涉及两个变量时，就需要选择不等宽的柱形图。在比较时变数据时，如果数据只是少数周期数据，可以选择折线图或者柱形图，后者适用于多种分类数据存在的情况；如果报道中的数据是多周期的数据，就选择雷达图或者折线图，雷达图适合循环数据的呈现，而折线图则适合用于非循环数据。

第二，数据构成。分析数据的构成主要着眼于数据是否随着事件的变化而变化。当数据随时间变化而变化时，如果数据显示的周期情况较少，适用于堆积百分比柱形图或者堆积柱形图，前者可以呈现数据的相对差异，而后者可以描述数据的相对和绝对差异；如果数据显示的周期较多，使用堆积百分比面积图或者堆积面积图是最佳的选择，堆积百分比面积图同样只能展示相对差异，因此需要呈现相对和绝对差异时只能选择堆积面积图。

如果数据的变化与时间变化无关，那么数据的可视化展示可以选用饼图、瀑布图或者复合堆积百分比柱形图。饼图可以直观呈现数据占总量的比例；瀑布图用于展示累计或扣减到总计的数据；复合堆积百分比柱形图用于呈现多层结构数据等复杂情况。

第三，数据联系和分布。分析数据之间的联系和分布，主要是为了确定变量的数目，从而决定数据图表的类型。一般来说，当数据中只有一个变量时，可以选择直方图展示相对较少的数据点，正态分布图在此种情况下适合展示多数据点；当数据中含有两个变量时，需要使用散点图呈现数据；当数据中的变量有3个时，数据的可视化呈现需要在气泡图或者曲面图之间做出抉择。

静态数据图表是最为基本的图表类型，技术门槛低、制作成本低、设计周期短等多个优点使它在普通的数据可视化设计中应用广泛。但是随着各大新闻媒体不断加大对数据新闻部门的投入，简单的静态图表普遍缺乏创意和吸引力的劣势暴露无遗，因此越来越多的可视化设计师开始使用动态图表和交互式图表，使数据新闻报道充满新意。

(四)寻找合适的可视化工具

寻找合适的可视化工具是数据可视化的第四步，可视化工具不仅包括众多计算机软件，还包括某些在线可视化平台。可视化工具的选择标准主要基于以下两点：第一，数据新闻制作团队对设计软件的熟练程度和具备的计算机水平；第二，可视化团队所要呈现的传播效果。笔者根据可视化工具的复杂程度，将其从易到难划分为三类。

第一，初级可视化工具。初级可视化工具适合对可视化设计缺乏技术基础的新闻工作者，Excel、Adobe Photoshop 等软件就是典型代表。Excel 的可视化功能极其有限，但是它的技术门槛相对较低，是快速了解可视化的理想工具，因此在实际操作中 Excel 相当普及；Adobe Photoshop 同样是一款普及度极高的软件，是初入可视化设计的人员进行信息图设计的首选工具，它在修饰可视化效果方面也能起到重要作用。

第二，中级可视化工具。中级可视化工具相对于初级可视化工具的区别在于，软件功能更加强大，可视化设计的应用范围更加广泛。总的来说，中级可视化工具主要包括以下几种：Tableau Desktop，是由 Tableau 公司开发的商业智能分析软件，其设计目标是使用可视化形式动态呈现数据间的联系，可以将数据运算与图表对接，程序通过拖放将全部数据呈现在数字图层，就能快速创建各类图表；Visual. ly 是一个为数据可视化创作人员分享或交易可视化作品的商业平台，核心工具是 Visual. ly Create，这是一款基于 Web 的在线信息化图表制作工具，允许用户从社交网站采集数据，以此分析用户社交信息；R 语言是一种得到广泛应用的开源统计分析软件，基于 S 语言开发而来，可在主流操作系统中运行，其支持多种统计、数据分析和矩阵运算功能，分析速度可比肩专业矩阵运算软件。由于这是一款开源工具，便于用户获取，图形功能也更为强大，既可以提供默认绘图属性，又能允许用户自定义。

第三，高级可视化工具。熟练使用中级可视化工具基本就能掌握可视化的基础操作技能，但是对于追求高端可视作品的团队来说，还需要学习类似 Pressing、D3 等更高级别的可视化工具。

Pressing 是一个开源编程语言和编程环境，是为数据技术人员提供的一款可视化和绘图软件，通过底层的图形操作，使可视化和绘图细节对用户透明。Pressing 语法简易，设计人性化。今天，它已经成为具备各种技术背景的用户所广泛运用的可视化工具。

D3(Data-Driven Documents)是一套面向 Web 的数据可视化的 JavaScript 库①。D3 的显著优势在于，它可以进行基于数据的 DOM 高效操作，在避免面向不同任务和类型设计专用可视表达的巨大负担的同时，还能尽可能发挥它的设计灵活性。

① 刘杰. 数据新闻可视化叙事初探[J]. 科技传播，2013(8).

(五)评测可视化效果

数据新闻团队在完成可视化设计之后，需要从受众视角全方位审视可视化作品，对可能产生的传播效果进行评估，以此评估最初确定的可视化目标的完成程度，针对可视化作品纠正可能存在的不便于用户理解或是容易产生歧义的细节偏差。对于动态视频等特殊类型的可视化作品，效果评估应当提前进行，防止后期因修改错误而付出高昂成本。评估数据可视化的标准总体上包括以下几点。

第一，导视性。导视性意味着数据可视化应当有清晰的目标，传递某种信息或者提供某种视角表达信息。可视化应当能够简化受众接受信息的难度，帮助受众理清思路，准确获取自身关注的信息，结合文字报道可以清晰直观地了解新闻事件的来龙去脉，从而给予受众良好的阅读体验，增强报道的可读性。

第二，新颖性。新颖性是指数据新闻可视化作品可以为受众提供一种新颖的视角观察数据、了解新闻故事，或者以一种创新风格激发受众的阅读兴趣，从而使其对新闻数据的理解达到新的深度。尽管像条状图、散点图、地图这种以静态图表为主的常规可视化设计可以使读者迅速了解新闻内容，但是这种模式化的可视化作品长期运用会造成受众阅读疲劳。

第三，充实性。充实性是指可视化作为新闻媒体进行信息传播的媒介，其本质是为了保证信息的有效传播，过度追求可视化形式与艺术美感的创新容易造成本末倒置。充实的可视化设计应当是呈现的视觉效果可以实现充分的信息传达，在保证向受众揭示数据背后的联系和意义的同时，给受众带来知意和审美的双重体验。

第四节　常用的数据可视化工具

新型的数据可视化产品层出不穷，基本上各种语言都有自己的可视化库，再加上专门的用于可视化的成品软件，我们的可选范围实在是太多了。那么，我们要选择的可视化工具，必须满足互联网爆发的大数据需求，快速地收集、筛选、分析、归纳、展现决策者所需要的信息，并根据新增的数据进行实时更新。

数据可视化主要通过编程和非编程两类工具实现。主流编程工具包括以下 3 种类型：从艺术的角度创作的数据可视化，比较典型的工具是 Processing，它是为艺术家提供的编程语言；从统计和数据处理的角度，既可以做数据分析，又可以做图形处理的工具，如 R、SAS；介于两者之间的工具，既要兼顾数据处理，又要兼顾展现效果，D3. js、Echarts 都是很不错的选择，二者这种基于 Java 的数据可视化工具更适合在互联网上互动地展示数据。下面介绍几款常用的数据可视化工具。

一、入门级

入门级的意思是该工具是可视化工作者必须掌握的技能工具，操作难度不一定小、门槛也不一定低。相反，对于可视化专业人员来说，这些工具依旧起到四两拨千斤的妙用。

（一）Excel

Excel 可以说是典型的入门级数据可视化工具，别以为 Excel 只会处理表格，实际上，Excel 的功能十分强大，可以把它当成数据库，也可以把它当成数据可视化工具来使用。它可以创建专业的数据透视表和基本的统计图表，但由于默认设置了颜色、线条和风格，使其难以创建看上去“高大上”的视觉效果。尽管如此，用户也完全可以用它来做一些让人眼前一亮的图表。

（二）亿信 BI

亿信 BI 是一款实用的商业智能分析平台，相信每一个接触到数据可视化的人都听说过亿信 BI，亿信 BI 是一款数据可视化工具，可以轻松实现中国式报表、dashboard 仪表盘、统计图、地图分析、分析报告、多维分析等。它不需要编程，而仅仅通过简单的拖曳操作即可完成惊艳的效果。对比 Excel，它是专业应对数据可视化方案的利器，主要表现在具有数据可视化、聚焦/深挖、灵活分析、交互设计等功能。亿信 BI 是为数据而生，它洞悉数据的蛛丝马迹，发现数据的潜在价值，预测数据的发展趋势，它可以构建大型的总和数据分析平台，也可以作为小型的个性化的解决方案。亿信 BI 最大的缺点在于它是商业软件，不过官方提供试用服务。

（三）Tableau

数据可视化工具除了图片美观之外，是否容易上手、海量数据的处理速度等都是考量工具优劣的标准。而 Tableau 以其高度的灵活性和动态性高居榜首，它专注于商业智能数据分析，并连续 6 年在《Gartner 分析和商业智能魔力象限报告》中被评为领导者。

Tableau 不仅可以制作图表、图形，还可以绘制地图，它是一个拖曳式工具，用户可以直接将数据拖曳到系统中，简单易用，可以快速上手，并且不需要使用者具备编程语言的知识，只需进行简单的拖曳，即可进行数据分析。没有数据处理经验的用户也可以利用它完成过去数据分析高手才能完成的工作。

它的可视化展示效果非常优秀，并且可以进行基本统计预测和趋势预测。它支持多种数据源，从 SQL Server 和 Vertica 等数据库，到 AWS、Microsoft Azure 和 Google Big Query 等云应用程序，几乎可以直接与任何数据库、数据仓库以及电子表格相连接。同时它拥有非常方便的一键式数据整合功能，可以在同一个视图中连接多个数据源。Tableau 的另一个优势是对海量数据的处理速度很快，可以处理 PB 级的数据。其不仅支持个人访问，还可以进行团队协作同步完成数据图表绘制，输出方便，同时 Tableau 也是免费的。

二、在线数据可视化

(一) Google Charts

Google Charts 是一个免费的开源 js 库，使用起来非常简单，只需要在标签中将 src 指向，然后即可开始绘制。它支持 HTML5/SVG，可以跨平台部署，并特意为兼容旧版本的 IE 浏览器而采用了 vml。

在新版 Google Charts 发布之前，google 有个类似的产品叫作 Google Charts API，不同之处在于，后者使用 http 请求的方式将参数提交到 api，而后接口返回一张 png 图片。

(二) D3

D3(Data Driven Documents)是支持 SVG 渲染的另一种 Java 库。但是 D3 能够提供大量线性图和条形图之外的复杂图表样式，例如 Voronoi 图、树形图、圆形集群和单词云等。D3. js 是数据驱动文件(Data Driven Documents)的缩写，他通过使用 HTMLCSS 和 SVG 来渲染精彩的图表和分析图。D3 对网页标准的强调足以满足其在所有主流浏览器上使用的可能性，使用户免于被其他类型架构所捆绑的苦恼，它可以将视觉效果很棒的组件和数据驱动方法结合在一起。

(三) Echarts

Echarts 是百度出品的优秀产品之一，也是国内目前开源项目中少有的精品。一个纯 Java 的图表库，可以流畅地运行在 PC 端和移动设备上，兼容当前绝大部分浏览器，底层依赖轻量级的 Canvas 类库 ZRender，提供直观、生动、可交互、可高度个性化定制的数据可视化图表。其 3. 0 版本中更是加入了更多丰富的交互功能以及可视化效果，并且对移动端做了深度优化。Echarts 最令人心动的是它丰富的图表类型，以及极低的上手难度。

(四) 阿里 DataV

阿里 DataV 是阿里云的拖曳式可视化工具，主要用于业务数据与地理信息融合的大数据可视化，适用于展览中心、企业管控中心展示。其基本操作模式与 Suger 类似，设计师先建立画面，然后开发人员进行数据源的接入。用户可使用模板，简单易入手。

阿里 DataV 不需要编程，通过简单的拖曳配置就能生成可视化大屏或者仪表盘，天猫“双十一”大屏就是用 DataV 做的。

(五) R

严格来说，R 是一种数据分析语言，与 matlab、GNUOctave 并列。然而 ggplot2 的出现让 R 成功跻身可视化工具的行列，作为 R 中强大的作图软件包，ggplot2 的优势在其自成一派的数据可视化理念。它将数据、数据相关绘图、数据无关绘图分离，并采用图层式的开发逻辑，且不拘泥于规则，各种图形要素可以自由组合。当熟悉了 ggplot2 的基本方法后，数据可视化工作将变得非常轻松而有条理。

三、进阶工具

（一）Processing

Processing 是用 Java 编程语言写的，并且 Java 语言也是在语言树中最接近 Processing 的。所以，如果熟悉 C 或 Java 语言，Processing 将很容易学。Processing 并不包括 Java 语言的一些较为高级的特性，但这些特性中的很多特性均已集成到了 Processing。Processing 是一个很棒的进行数据可视化的环境，具有一个简单的接口、一个功能强大的语言以及一套丰富的用于数据以及应用程序导出的机制。

如今，围绕它已经形成了一个专门的社区，致力于构建各种库，以使这种语言和环境进行动画、可视化、网络编程以及很多其他的应用。

（二）Weka

Weka 是一个能根据属性分类和集群大量数据的优秀工具。Weka 不但是数据分析的强大工具，还能生成一些简单的图表。Weka 首先是一个数据挖掘的利器，它能够快速导入结构化数据，然后对数据属性做分类、聚类分析，帮助我们理解数据。但它的可视化功能同样不逊色，选择界面中的 visualization，你会立刻明白：是它让你理解数据，然后你才让用户可视化数据。

参考文献

[1]陈力丹，李熠祺，娜佳. 大数据与新闻报道[J]. 新闻记者，2015(2).

[2]方洁. 全球视野下的"数据新闻"：理念与实践[J]. 国际新闻界，2013(6).

[3]刘义昆. 大数据时代的数据新闻生产：现状、影响与反思[J]. 现代传播，2014(11).

[4]周冉冉. 大数据时代门户网站数据新闻可视化探究[D]. 济南：山东师范大学，2015.

[5]陈虹，秦静. 数据新闻的历史、现状与发展趋势[J]. 编辑之友，2016(1).

[6]黄骏. 新闻产生机理观察：从精确到数据精确新闻[J]. 重庆社会科学，2015，(09)，99-105.

[7]刘琼. 国外报纸如何做数据新闻[J]. 中国报业，2016(09)：36-39.

[8]刘杰. 数据新闻可视化叙事初探[J]. 科技传播，2013(16)：26-27.

[9]焦阳，张欣. 数据可视化：数据新闻的呈现之道——以财新网"数字说"为例[J]. 视听，2015 (11)：122-122.

[10]于毛毛. 大数据时代数据新闻的发展现状和对策[J]. 今传媒(学术版)，2014(7)：122-123.

[11]方洁，颜冬. 全球视野下的"数据新闻"：理念与实践[J]. 国际新闻界，2013(6).

[12]文卫华，李冰. 大数据时代的数据新闻报道——以英国《卫报》为例[J]. 现代传播，2013(5).

[13]杨雅. 大数据分析与可视化技术：新闻传播的新范式——"大数据与新闻传播创新"研讨会综述[J]. 国际新闻界，2014(3).

[14]章戈浩. 作为开放新闻的数据新闻——英国《卫报》的数据新闻实践[J].《新闻记者》，2013(6)：7-8.

[15]郑小华. 电视时政报道中的大数据运用——以央视《两会大数据》、《据说两会》为例[J]. 东南传播，2014(12)：81-83.

[16]郭钦. 数据新闻：大数据时代新闻报道新模式[D]. 武汉：华中师范大学，2014.

[17]罗彦军，王溪勇.《图解两会》时政报道的"可视化"探索[J]. 新闻战线，2013

(5)：46-48.
[18]王楠. 电视媒体中数据新闻的可视化表达——以央视《两会大数据》为例[J]. 西部广播电视，2015(01)：17-18.
[19]郎劲松，杨海. 数据新闻：大数据时代新闻可视化传播的创新路径[J]. 现代传播(中国传媒大学学报)，2014(3).
[20]彭兰. “大数据”时代：新闻业面临的新震荡[J]. 编辑之友，2013(1).
[21]方洁，颜冬. 全球视野下的“数据新闻”理念与实践[J]. 国际新闻界，2013(6).
[22]方洁，胡杨，范迪. 媒体人眼中的数据新闻实践：价值、路径与前景——一项基于七位媒体人的深度访谈的研究[J]. 新闻大学，2016(2).
[23]郑蔚雯，姜青青. 大数据时代，外媒大报如何构建可视化数据新闻团队？——《卫报》《泰晤士报》《纽约时报》实践操作分析[J]. 中国记者，2013(11)：132-133.
[24]王晓东. 电视数据新闻报道中存在的问题及对策[D]. 济南：山东师范大学，2018.
[25]邹凯欣. 用数据讲好新闻：基于财新网“数字说”数据新闻特点分析[DB/OL]. (2020-9-13). http://media.people.com.cn/GB/n1/2019/1226/c431261-31524558.html.
[26]贾千慧. 手机新闻客户端数据新闻可视化现状及发展研究[D]. 成都：电子科技大学，2016.
[27]涂平. 营销研究方法与应用[M]. 北京：北京大学出版社，2008.
[28]安心怡. 浅谈数据新闻可视化的表现形式[J]. 魅力中国，2018(11).
[29]孙健康. 大数据背景下数据新闻的可视化研究[D]. 南昌：南昌大学，2017.